AMV

Kathrin Rüegg

Mit herzlichen Tessiner Grüßen

und 13 Zeichnungen
von Prof. Dr. Kurt Gerhardt

3. Auflage

Albert Müller Verlag
Rüschlikon-Zürich · Stuttgart · Wien

Neunzehntes bis achtundzwanzigstes Tausend 1978.

ISBN 3-275-00662-2. — Printed in Switzerland.

Für meinen Bruder Luzi
als Dank für das Seilbähnchen.
Und damit er mir hilft,
weiterhin Ställe zu bauen —
bis hinunter zum grünen Fluß.

Alle beschriebenen Orte und Personen existieren, doch wurden die Namen teilweise geändert. Luzi und die Tiere heißen wirklich so.

Lieber Herr Verleger,

Ihr Weihnachtstelegramm liegt vor mir, rechts von der Schreibmaschine. Es mahnt mich, endlich das Buch zu schreiben, das Sie von mir erwarten, nach dem täglich mindestens zwei, drei Leser in rührenden Briefen fragen.

Aber es ist wie verteufelt und verhext. Immer wenn ich mich — mit frisch gespitzter Schreibmaschine sozusagen — hinsetze, ein erwartungsvoll leeres Blatt einspanne, dann kommt etwas dazwischen. Dann sieht der Vormittag, den ich dem neuen Manuskript widmen wollte, etwa so aus:

vorher: 6.30 Tagwache
bis 7.30 Tiermahlzeiten zubereiten für
Bonahündin
die vier Katzen
vier Truthühner
dreiundvierzig Kaninchen
achtunddreißig Hühner
zwei Hähne
sechzehn Schafe
vier Lämmer
zugleich mindestens vier Tassen Kaffee trinken
bis 8.30 obige Menus den verschiedenen Herrschaften servieren.

Postgang
Heimkehr
Beginn der Schreibarbeit:

Ich setze mich hin, lese zum dreihundertachtundsechzigsten Mal Ihr Telegramm, obwohl ich es schon längst auswendig kann:

«liebe frau rüegg bitte benuetzen sie die festtage um das 3. buch moeglichst zu foerdern stop so wie die dinge liegen muessen wir es unbedingt im august herausbringen stop herzliche wuensche und nix wie los mueller»

«Nix wie los» heißt es da. Also, Kathrin, setz dich hin und schreibe!

Ich friere. Meine Nase ist eisig und hat ein Tröpfchen. Kalt, entsetzlich kalt ist's hier drin. Ofen, Ofen, läßt du mich wieder einmal im Stich?

Aufstehen, nachsehen. Jawohl. Der Ofen streikt. Das Thermometer zeigt mickrige, frierende acht Grad Celsius.

So kann keiner, und sei er noch so abgehärtet, sich hinsetzen und ein Buch schreiben.

Ich breite sorgfältig Zeitungspapier rings um den Ölofen, kratze mit einer Gabel den Ruß aus dem Brenner, hole den Staubsauger, entferne den Ruß, zerknülle die Zeitungen, lege sie mit den Ruß-Stäubchen beiseite, hänge den Staubsauger an seinen Platz, lasse meine weiße Tintin-Katze durchs Fenster herein. Tintin sieht den Zeitungsknäuel, rast darauf zu, schiebt ihn durchs halbe Zimmer, der Ruß fällt auf den Teppich.

«Selber schuld», sagt mein inneres, vorwitziges Stimmchen. Und weiter: «Ruhig bleiben, nicht fluchen.» Dabei merke ich, daß das innere Stimmchen auf den Stockzähnen lacht. Ja, haben innere Stimmchen überhaupt Stockzähne?

Ich hole wiederum den Staubsauger, wische so gut es geht die Rußflecken vom Teppich weg, bürste die nun schwarzweiß gefleckte Katze, entzünde den Ofen von neuem.

Neuer Versuch, das Manuskript zu beginnen.

Lieber Herr Verleger, es ist fürchterlich, ein Buch schreiben zu müssen bei sechs Grad Raumtemperatur. Zudem ist das diesmalige Tröpfchen, das von meiner Nase fällt, schwarz. Schwarz wie Ruß.

Verzeihen Sie mir deshalb, wenn ich, bis der Ofen aufgeheizt hat, nochmals meinen Buchstart hinausschiebe...

*

Eine Viertelstunde später. Elf Grad. Ich setze mich wieder hin. Draußen bellt Bona. Die Truthühner geben ihr aufgeregtes Gegluckse von sich. Da kommt jemand. Meine Nachbarin Anni. Sie holt bei mir Schwarzmehl, Gerstenschrot, Kleie und Trockenhefe. Damit bäckt sie Brot nach meinem Rezept. Ich kaufe diese Zutaten en gros. Gerste und Kleie brauche ich sowieso für die Truten und Kaninchen.

Lautes Tuten macht mich darauf aufmerksam, daß die Landwirtschaftliche Genossenschaft das bestellte Tierfutter bringt. Sieben Säcke zu fünfundzwanzig, einen zu fünfzig Kilogramm laden sie bei der Brücke für mich ab. Soeben fängt es leicht zu schneien an.

Ade Manuskript, nun muß ich Futtertransporte machen. Ich eile den Berg hinunter, natürlich verfolgt von Bona, lege zwei Säcke ins Bähnchen, keuche zurück, drücke auf den Schaltknopf «aufwärts». Das Bähnchen fährt ruckend und zuckend einen Meter weit, bleibt stehen. Wenn die Temperatur auch nur die kleinste Spur unter null Grad sinkt, dann will es nicht mehr.

«Der Kondensator ist zu kalt», hat mein Bruder Luzi festgestellt, als ich ihm mein diesbezügliches Leid klagte. Und Luzi muß es wissen, er hat das Bähnchen schließlich konstruiert.

Wenn der Kondensator zu kalt hat, dann muß man ihn eben wärmen. Aber wie?

Mit einer Bettflasche, einer gar nicht technischen, gemütlichen, grünen Gummibettflasche! Mit siedendem Wasser gefüllt, dann einige Minuten auf den Schaltkasten gelegt, Startknopf gedrückt, Bähnchen fährt.

Also fülle ich auch jetzt Bähnleins Fläschchen. Ein bißchen Geduld. Druck auf den Knopf. Erste Ladung kommt surrend angefahren.

Wiederum Lauf zur Brücke, weitere zwei Säcke laden, zurück zum Haus. Bähnchen friert. Die Schneeflocken fallen dichter. Neue Flasche. Telefon. Meine Nachbarin Emilia macht mich darauf aufmerksam, daß meine Futtersäcke bald vom Schnee zugedeckt sind und daß es besser sei, sie sofort zu holen. Ich erkläre ihr, daß meine «Teleferica» nur zu fahren beliebt, wenn ich sie zuerst mit einer Bettflasche wärme und daß ich soeben im Begriff bin, dies zu tun.

Im Geiste sehe ich, wie Emilia kopfschüttelnd den Telefonhörer aufhängt und wieder einmal feststellt, daß die Kathrin mit ihren modernen Maschinen ein kurioser Mensch ist.

Dann sind schließlich alle Säcke oben, teils im Stall, teils im Keller, teils in der Küche verstaut. Mein knurrender Magen erinnert mich energisch daran, daß es Zeit fürs Mittagessen wäre.

Das Thermometer im Wohnzimmer zeigt nun wohlige neunzehn Grad. Das Blatt in der Schreibmaschine ist nicht mehr weiß. Tintin hat zwei schwarze Pfotenabdrücke darauf angebracht. So fange ich mein Manuskript denn damit an. Ich hoffe, lieber Herr Verleger, Sie nehmen mir diesen seltsamen Anfang eines langen, langen Briefes an meine Leser nicht übel.

*

Liebe Alle,

Ihr könnt nicht ahnen, was ich mir alles einbrockte, als ich Bäuer- und Schreiberin wurde. Beides mit- und durcheinander und fast pausenlos. Ich wußte es auch nicht. Aber — hätte ich es gewußt — würde ich es anders gemacht haben? Nein! Dreimal nein.

So viele Dinge gibt es im bäuerlichen Leben, die können liebenswert sein, wenn man sie mit dem richtigen Blick anschaut, anstatt achtlos daran vorbeizugehen.

Und die Schwierigkeiten und Widerwärtigkeiten meiner Einsamkeit sind schließlich da, um überwunden zu werden, nicht um zu resignieren.

Deshalb entstand dieses Plauderbrief-Buch. Es kommt mir vor, als ob ich es an eine liebe Familie schriebe, einfach Antwort auf die freundschaftliche Frage gebe, die mir von allen Seiten zukommt:

«Wie geht es dir? Und was machen Michelangelo und Onkel Arthur? Und die Tiere? Wie viele hast du jetzt?»

Hier sind meine neuen Erlebnisse. Kaum dramatisch. Und trotzdem aufregend. Weil ein Leben auf dem Lande eben an sich aufregend ist. Während jeder Minute. Ich mache beim Tierefüttern, beim Säen, beim Setzen, Unkrautjäten, indem ich den Menschen um mich herum begegne, überall beglückende Entdeckungen.

Um es vorweg zu nehmen: dies ist k e i n Problembuch. Solche gibt es genug. Solche, wo einer mit der Faust auf den Tisch schlägt, über das Scheißleben wettert, über die haarsträubenden Zustände da und dort und überall und darüber, was man alles ändern sollte. Diese Bücher, kantig und holzschnitthaft geschrieben, klingen meist in einem Akkord in Moll aus. Der Leser legt seine Lektüre weg mit einem schalen Gefühl im Magen. Er denkt darüber nach, was die Menschheit, und somit auch er, alles falsch macht. Er stimmt mit dem Autor überein, daß dieses Leben eine mühsame Sache sei und daß man vieles ändern sollte.

Gewiß, Problem-Literatur muß sein. Aber wie viele gibt es heute, die können n u r noch diskutieren, debattieren, polemisieren. Das Plaudern im dämmrigen Raum haben sie verlernt.

Laßt es mich gerade deshalb trotzdem versuchen.

*

Gestern nachmittag war ich bei Carmelina eingeladen. Sie wohnt in einem modernen, kleinen Einfamilienhaus mit Zentralheizung in Roviso, dem letzten Dorf unseres Tals. Wie leicht hat sie es. Man stellt seinen Wagen vor dem Haus ab, geht ein paar Stufen hinunter, läutet an der Hausglocke. Und drin ist es wohlig warm. Auch in der Küche, auch im Klo.

Wenn ich mit meinem Häuslein vergleiche! Der Heimweg über die schwankende Hängebrücke, dann bergwärts durch einen schmalen Kanal, genannt Fußweg, ausgeschaufelt, denn momentan liegt viel Schnee. Küche kalt, Korridor kalt, Schlafzimmer eiskalt. Das Trinkwasser der Katzen ist schon jetzt, abends um halb sechs Uhr, gefroren. Im Klo ist's warm. Dafür sorgt eine elektrische Heizung mit Thermostat. Und im Wohnzimmer friert man aufs neue, weil der Ölofen, sobald er auf «Sparen» eingestellt ist, unweigerlich rußt und deshalb innert kürzester Zeit verstopft ist. Das Kaminfeuer

K.G.
76

anzuzünden habe ich längst aufgegeben, denn um die Glut zu erhalten, muß ich entweder Fenster oder Türe offenlassen.

Ich weiß nicht, weshalb ich mein unbequemes, abgelegenes, kaltes Häuschen auf eine Art liebe, die alle, aber auch gar alle Unannehmlichkeiten lächelnd in Kauf nimmt. Momentan zum Beispiel ist es nicht nur kalt. Das Dach über dem Klo ist undicht. Wenn der Schnee schmilzt, werde ich für stille Meditationen einen Schirm aufspannen müssen!

Möglicherweise liebe ich mein Haus, weil darin — oder darunter — irgendwelche Erdgeister hausen, die mich gut mögen. Erdgeister, die ebenso gerne hier sind wie ich. Sie und ich, wir rümpfen nicht die Nase, weil's zu kalt ist, weil der Weg zu weit ist, weil der Wasserdruck zu niedrig ist, weil, weil. Wir gehen durch dick und dünn miteinander. Menschen habe ich wenige gefunden, die dies tun. Durch dick schon. Da stehen sie Schlange. Aber durch dünn?

Aber ich wollte von meinem Haus erzählen. Einst war es ein Stall, angelehnt an einen Felsen. In meinem Tal sieht man diese Bauweise bei Häusern und Ställen oft. Unter meinen Felsen hat jemand einen Keller gegraben. Anno achtzehnhundertachtundvierzig. So steht es auf dem Sturz der Kellertüre, den ich entfernen lassen mußte, weil er in der Mitte entzweigebrochen war. Nun dient er als Kaminbänkchen. Mein Keller ist sehr speziell. Decke und eine Seite sind blanker Fels, der Rest ist gemauert aus ungefügten Steinen. Zuhinterst ist eine eingelassene kleine Nische. Darin lagere ich den ganz, ganz kostbaren Wein. Im Sommer und im Winter bleibt die Temperatur konstant. Plus acht Grad. Was immer ich auch darin aufbewahre, es verdirbt kaum. Früchte, Käse, Gemüse. Auch Fleisch bleibt lange frisch. Dies ist ein Vorteil, den Carmelina in ihrem neuen Einfa-

K.G.
76

milienhaus mit Betonkeller nicht hat. Und man soll immer die Vorteile einer Sache betonen.

A u f dem Felsen, der den Keller überdeckt, da sitze ich gerade jetzt. Guido, dem das Haus früher gehörte, hat an den ursprünglichen Stall einen Hausteil, den jetzigen Wohnraum, angefügt und ihn kurzerhand auf den Felsen gebaut.

Mein erstes Buch habe ich auf einer Bank am knisternden Kaminfeuer geschrieben, zu Füßen zwei Hunde, auf der Schulter eine Katze. Mein zweites, während ich meine Hühner hütete im Hühnerstall. Dieses nun, indem ich auf einem Felsen sitze. Ich werde immer luxuriöser!

Felsen, Höhlen, Erde. Der Erde nahe sein. Das kann man, wenn man in einem Haus wie dem meinen wohnt. Nicht aber in einem modernen Gebäude. Ich habe nichts gegen Fortschritt, auch nichts gegen eine Maschine, die mir eine Arbeit abnimmt und mir dafür mehr Zeit für Kreatives gibt. Aber Erde brauche ich zum Leben, beinahe so sehr wie Luft.

Heute verstehe ich nicht, wie ich es fertigbrachte, neunundzwanzig Jahre lang in der Stadt zu wohnen, in die ich als zwölfjähriges Bauernkind kam. Daß mir etwas fehlte, fühlte ich immer. Nur dauerte es lange, bis es mir bewußt wurde, daß es die Erde war, die warme, braune, wohlriechende. Und mit ihr die Menschen, die von der Erde leben — so wie ich heute auch.

Wenn ich zurückblicke auf die fünfeinhalb Jahre, die vergangen sind, seitdem ich der Stadt den Rücken kehrte, wenn ich daran denke, wie viel ich in dieser relativ kurzen Zeitspanne erlebt habe, im Vergleich zu vorher, wo «Geld verdienen, mit der Zeit, mit der Mode gehen» die wichtigsten Ziele waren. Heute nun bin ich derart «out», daß es beinah schon wieder «in» ist.

Der Weg zurück zur Erde war eine ganz logische Folge. Erste Ursache war, daß ich den Monte Valdo fand und aus ihm — immer noch von den Ideen des Geldverdienens befangen — ein Feriendorf machen wollte. Das Robinsonleben dort oben, das Sich-mit-den-primitivsten-Mitteln-helfen-Müssen war die beste Schule für eine zukünftige Bäuerin in der relativen Einsamkeit meines jetzigen Wohnsitzes in Froda.

Und aus der Geschäftsfrau, die gewohnt war, ein Budget zu machen, Reklame zu planen, Marktforschung zu treiben, sich ein eisernes Plansoll vorzunehmen, wurde eine Bäuerin. Und ein Mensch, der gelernt hat, daß Budgets und Plansolls in einem solchen Leben wohl reine Theorie sind und alles immer ganz anders herauskommt. Mein heutiges Leben läßt sich nicht mehr planen. So wenig, wie der Wuchs eines Baumes sich planen läßt. Man kann bloß Wünsche haben und hoffen, daß sie in Erfüllung gehen. Neugierig bin ich nun, wo ich in weiteren fünf Jahren stehen werde...

Neugier. Sie ist eine meiner Triebfedern. Auch wenn ich hundert Jahre alt werde, meine Neugier wird immer neue Ziele suchen. Sie richten sich immer auf dasselbe Thema: die Geheimnisse zu ergründen, die die Erde, die Natur, die Schöpfung birgt. Die Geheimnisse, an denen ich so oft achtlos vorbeiging. Das Geheimnis zum Beispiel, das in einem Birkenblatt schlummert, unter der Rinde des Apfelbaumes, in der Krappwurzel...

Nun gibt es einige ganz wenige Geheimnis-Mit-Ergründerinnen, die ahnen, worauf ich damit hinaus will.

Hie und da allerdings ergründe ich Dinge, die ich gar nicht wissen wollte. Zum Beispiel, weshalb Hähne nicht als Haustiere im Sinn vom Tier im Haus, nicht im Stall, gehalten werden können.

Lassen Sie mich deshalb die Geschichte von Willibald Gluck erzählen. Willibald, bitte, ohne Christoph vornedran, wie der berühmte Komponist. Denn mit dem «Reigen seliger Geister» hat meine Geschichte gar nichts zu tun.

Sie beginnt mit einer Influenza. Einer grauenhaften, ekligen Grippe, die ich mir in einem überheizten Amt in Bellinzona geholt hatte. Ich mußte dahin gehen, um für einen Einrichtungskunden einen kleinen Baubewilligungskampf auszutragen.

Ich kam heim. Mir schauderte seltsam. Mein Kopf war so, als ob jemand ihn halb mit Marmeln gefüllt hätte, die nun bei jeder Bewegung hin- und herkollerten. Meine Brust schmerzte, und die Welt war für einmal gar nicht schön.

«Sieh dich vor, jetzt wirst du krank», sagte ich zu mir selbst. Sogar mein inneres Stimmchen schien indisponiert zu sein. Sonst reden wir zwei immer miteinander. Heute schwieg es.

Was war die dringendste Arbeit, die ich erledigen mußte, bevor ich krank wurde? Die Kaninchenställe misten!

Ich halte meine Kaninchen auf Strohstreue. Das bedingt, daß man die Buchten, in denen nur ein Kaninchen untergebracht ist, im Winter mindestens einmal pro Woche reinigt, solche mit mehreren Tieren öfters.

Bin ich gesund, dann schaffe ich diese Arbeit spielend in zwei Stunden. Diesmal brauchte ich einen ganzen Nachmittag. Der Strohballen schien zentnerschwer, die Wasserflaschen wurden scheinbar nicht sauber, die Futterreste klebten wie Leim an den Geschirren.

Ich sammelte die Eier ein, gab den Hühnern ihren Freßtrog voller Körner, schleppte lauwarmes Wasser für alle Tiere vom Haus in den Stall, versorgte die Kaninchen mit einer besonders großen Heuportion, denn mir schwante Böses...

Schließlich kochte ich mir Tee, Brusttee, und füllte ihn in den Milchkrug, den Kaffee- und den Thermoskrug. Um in meine Küche zu gelangen, muß ich über eine Treppe im Freien gehen. Mit meinem heißen Kopf schien es nicht ratsam, das Haus nochmals zu verlassen, war ich einmal drin.

Ich schleppte mein Bettzeug ins Wohnzimmer. Im Schlafzimmer war es so kalt, daß mir jeder Atemzug wehtat. Der Kopf schmerzte immer mehr. Ich kroch irgendwie in die Federn und dann, erst dann, wagte ich, Fieber zu messen. Gegen neununddreißig Grad waren es.

Über die Nacht mag ich nichts erzählen. Sie war schlimm. Nun wäre es schön gewesen, irgendeinen hilfreichen Menschen um mich zu haben. Vielleicht einen Vagabunden wie Michelangelo, besser einen richtigen Kameraden, vielleicht auch eine liebe alte Tante...

Am Morgen, so entschließe ich mich, werde ich etwas später zu meinen Tieren gehen, so gegen neun Uhr.

Um halb neun pocht es energisch an meine Türe. Emilia.

«Bist du krank, was ist los?» fragt sie. Nach einem Blick in mein käsebleiches Gesicht:

«Natürlich bist du krank. Wieso rufst du mich nicht an? Man kann doch nicht einfach so sterbensallein vor sich hinserbeln. Nimmst du wenigstens Medizin?»

«Ja.»

«Welche?»

«Brusttee mit Honig und Fiebertabletten.»

«Das ist dummes Zeug. Penicillin brauchst du da, und vielleicht Streptomycin und eventuell auch Aureomycin. Ich habe wohl alle diese Medikamente — aber vom Tierarzt.»

Emilia mit ihren -illin und -mycin-Spritzen für die Krankheiten ihrer Tiere ist im ganzen Dorf für Roßkuren bekannt. Von Naturheilmethoden hält sie gar nichts.

«Hast du wenigstens Treupel?»

«Ja», sage ich gottergeben.

«Gut, dann nimm jetzt eine Tablette, und abends nochmal eine. Kannst du überhaupt deine Tiere noch besorgen?»

«Ja», sage ich wiederum. Ich weiß, wie groß Emilias Arbeitslast ist. Da darf ich sie nicht auch noch behelligen.

«Aber», frage ich, «wieso hast du überhaupt gewußt, daß ich krank bin?»

«Weil ich sonst immer um halb sieben Uhr dein Licht sehe und weil die Hühner noch eingesperrt sind. Das ist doch klar.»

«Liebe Emilia, klar ist das gar nicht», denke ich. «Wäre ich in der Stadt krank, inmitten unzähliger Menschen, und würde ich dort auch sterben... bevor mein Leichnam stänke, würde keiner nach mir sehen.»

Ich denke es bloß, weil Emilia das nicht begreifen würde und weil ich viel zu schwach bin, um mit ihr zu diskutieren.

Ich schlucke also gehorsam Treupel-Tabletten, ziehe mich mit unendlicher Mühe an, schleppe mich zum Stall und besorge lustlos die Arbeit, die mir sonst so viel Spaß macht.

Im Hühnerstall erwartet mich ein Schrecken. Einer der jungen Hähne, die mein Lieblingshuhn Marta im September ausgebrütet hatte, scheint noch kränker zu sein als ich. Ausgerechnet der Schönste von allen. Er hat eine bunte Halskrause und schillernd grüne Schwanzfedern. Der Arme vermag sich kaum auf den Beinen zu halten. Als ich ihn aufhebe, merke ich, daß er federleicht und sehr abgemagert ist. Ich nehme einige Körner in die hohle Hand. Er versucht vergeblich, sie aufzupicken. Dasselbe geschieht, als ich ihm ein Trinkgeschirr vorhalte. Er scheint durstig und hungrig zu sein, kann aber weder fressen noch trinken. Nun schaue ich ihn mir genauer an. Der obere Schnabel ragt wie der Deckel einer Schuhschachtel über den untern Schnabelteil. Ich weiß nicht, ob dies eine Mißbildung ist oder eine Krankheit.

Ich packe den Hahn unter den Arm, nehme ihn mit ins Haus und schneide ihm mit einem scharfen Messerchen sachte, sachte den störenden Rand ab. Er läßt es ohne eine einzige Abwehrbewegung geschehen.

Dann setze ich ihm wiederum Speise vor. Mein Patient verschlingt in kürzester Zeit alles. Ich will ihn im Haus behalten, um ihn alle paar Stunden zu füttern.

Wohin tut man einen kranken Hahn, wenn man selbst krank ist? Man nimmt ihn eben auch ins Krankenzimmer.

Ich setze ihn auf die Traverse eines Stuhles, untendran stelle ich das Katzenkistchen. Es scheint ihm gut zu gefallen, denn er regt sich nicht. Er verläßt seine Sitzstange nicht einmal, um zu fressen. Ich habe ihm sein Futtergeschirr vors Gesicht gestellt.

Nun sind wir also beide Patienten. Der Hahn und ich. Ich döse während des ganzen Tages, schrecke auf, als Emilia mich erneut besucht.

«Viel zu heißer Kopf», stellt Frau Doktor fest. «Nimm heute abend zwei Treupel.»

«Ja», sage ich und tue es.

«Gluck», sagt der Hahn.

«Was tut denn dieses Tier hier im Haus?»

«Ist auch krank — aber ich gebe ihm Medizin.»

«Du mußt schon sehr, sehr hohes Fieber haben, daß du einen Hahn hierher nimmst. Das tut man doch nicht.»

«Soll ich ihn denn sterben lassen?»

Sie hebt das Tier hoch, fühlt seine Magerkeit.

«Na, viel hat dazu nicht mehr gefehlt.»

Sie wünscht mir gute Nacht und geht.

«Bald wärst du gestorben», sage ich zum Hahn. «Nun wollen wir beide aber wieder gesund werden.»

«Weil ich bald» heißt auf schweizerdeutsch «Will i bald». So ist denn logisch, daß ich das Tier Willibald taufe, weil es bald gestorben wäre.

«Willst du Willibald heißen?»

«Gluck», antwortet er.

Diese Nacht schliefen wir beide gut. Willibald Gluck und ich, vereint im gemeinsamen Krankenzimmer.

Eine Woche verging. Ich verdöste die Tage, hustete, bekam morgens und abends Emilias Visite, den Befehl, noch mehr Treupel zu schlucken, einen Verweis wegen Willibald, daß diese Bestie immer noch hier sei. Wobei zu sagen ist, daß im Italienischen «bestia» einfach «Tier» bedeutet. Auch ein Schmetterling ist somit eine Bestie.

Willibald döste auch, unterbrach seinen Dauerschlaf nur, um zu fressen und zu trinken. Aber im Gegensatz zu mir, die keine Gesundung zu verzeichnen hatte, erholte er sich zusehends. Es kam der Moment, wo er die Stange verließ, seine nähere, dann seine weitere Umgebung erkundete, nicht ohne hier und dort einen kräftigen Klecks hinzupflastern.

Das ging nun wirklich zu weit. Ich stellte Willibald vor die Tür. Er spazierte über die verschneite Terrasse, hüpfte die Treppe hinunter, untersuchte die Küche, pickte sowohl sämtliches Hundefutter als auch die Trockenbisquits der Katzen auf. Und dann verkündete er mit lautem Krähen, daß er hier Herr im Hause sei.

«Nun langt's aber», sagte ich zu ihm, als er nach Bona hackte. Und am Morgen brachte ich ihn zurück in den Stall.

Ich hatte aber die Rechnung ohne meine Hühner gemacht. Sie wollten Willibald nicht mehr. Sie fielen über ihn her, pickten auf ihm herum und plagten ihn so, daß ich ihn wiederum mitnahm.

«Aetsch», sagte Willibald zu mir. «Will i bald das zweite Mal gestorben wäre, mußt du mich wiederum zu deinen geliebten Katzen und zu Bona nehmen. Und dort bleibe ich, ob du willst oder nicht.»

Wir erduldeten Willibald. Die Katzen fürchteten sich vor ihm. Bona jaulte entsetzt auf, als er nach einer ihrer Zitzen pickte.

Die Azaleenknospen fraß er samt und sonders auf. Auch die Hamamelisblüten verschonte er nicht, und die ersten Krokusse. Willibald Gluck war eine Plage, die wir im ganzen während eines Monats erduldeten. Wenn es mir zu bunt wurde, setzte ich ihn unter seinen Stuhl und legte eine Decke darüber. Wie man es mit einem Wellensittich tut, der zuviel schwatzt.

Was sollte ich bloß mit Willibald Gluck ohne Christoph vornedran tun?

Christoph! Wie oft habe ich doch ein Brett vor der Stirn!

Ein junger Mann namens Christoph haust seit kurzem auf dem Monte Valdo. Und Christoph hat einige Hühner. Das erzählte er mir letzthin voller Stolz. Solche, die ihre vierzehn Monate in einer Legebatterie absolviert hatten und eigentlich getötet werden sollten. Christoph sagte, daß sie bei ihm brav Eier legten.

Ich schenkte Willibald Gluck Christoph. Sollen sie zusammen den Reigen seliger Geister auf dem Monte Valdo tanzen.

Flecken auf dem Teppich, die Blütensträucher ohne Blüten erinnerten nun noch an unsern Haushahn und die Krankentage. Ich schwor mir, nie mehr ein solches Tier ins Haus zu nehmen. So frech er auch war, irgendwie fehlte er mir doch. Ganz am Anfang meines Bauerndaseins hatte ich mir vorgenommen, nie ein Tier, das getötet werden soll, mit einem Namen zu versehen. Es geht wirklich nicht.

Und wenn er uns auch tyrannisiert und schikaniert hat, ich vermißte ihn noch lange, den Willibald Gluck.

*

«Es geht wirklich nicht, ein Tier mit Namen zu töten.» Doch, einmal ging es, mußte es gehen. Mein Hahn Fridolin war schon immer streitbar. Er ließ aber wenigstens mich ungeschoren. Bis eines Tages eine Leser-Besucherin, die grellbunte Kleider, klimpernde Armbänder und vielfarbig gescheckte Sandalen trug, sich unbedingt in Kathrin Rüeggs Hühnerhof fotografieren lassen wollte. Von ihrem Butler, den sie wohl extra zu diesem Zweck mitgebracht hatte. Der Butler führte auch einen Mops an der Leine. Zuerst verhauten die Fritzli- und die Tintin-Katze den armen Mops, was schon einige Aufregung gab. Und dann stürmte Fridolin auf die Dame los, riß ihr das Kleid vom Leibe und zerhackte ihre Sandalen in tausend Fetzen. Ich glaube, der Butler drückte den Fotoapparat in dem Moment ab, wo seine Herrin angstbebend barfuß und im Unterrock in meinem Hühnerhof stand. Und ich weiß nicht, ob sie dieses Bild ins Album geklebt oder fortgeschmissen hat.

Sicher ist, daß seit jenem Ereignis Fridolin an jedem erreichbaren menschlichen Wesen seinen Zorn ausließ. Auch

K. G.
76

an mir. Er tat es auf sehr hinterlistige Art, indem er mich wie ein wütender Berserker anfiel, sobald ich ihm den Rücken kehrte. Entweder flatterte er mir auf Hüfthöhe, um mit seinem Schnabel und den Sporen gegen mich zu hacken, oder er begnügte sich, mir mit seinen Waffen Hosenbeine und die darunter befindlichen richtigen Beine zu zermalmen. Schließlich war ich so weit, daß mein Körper von den Hüften bis zu den Fersen blau-gelb-violett-grün gesprenkelt war. Und weh taten seine Hiebe, Püffe und Knüffe!

Ich wußte nicht, daß ein ordentliches Gericht, bestehend aus Bruno, Santina und Luzi sich versammelt und Fridolins Todesurteil beschlossen hatte. Sie taten mir ihren Entscheid kund.

Als Präsident meines Hühnerstaates hätte ich Fridolin begnadigen können. Ich tat es nicht. Die überall auf mir verteilten Beulen schmerzten so, daß ich mich nicht mehr setzen konnte.

Er sei gut gewesen, der Fridolin, gekocht in Brunos bergamaskischem Rotwein, mit Rosmarin dran. Aber ich konnte nichts essen. Fridolin ist und bleibt das Symbol des Beginns meines bäuerlichen Lebens. Und Symbole ißt man nicht.

*

Wenn wir schon bei den Symbolen sind, muß ich auch von meinem Engelchen erzählen:

In meinem Garten gibt es zwar keinen schubkarrenschiebenden Gartenzwerg, aber doch etwas sehr Ähnliches: ein Engelchen aus Kalkstein, das eine Aehre trägt und den Sommer symbolisieren soll.

In meinem Geschäft — Hunderte von Jahren ist das her — hatte ich diese Putten gleich scharenweise. Ein ganzes Orchester mit Pauken, Trompeten, Geigen, Flöten, Harfen. Dann Blumen- oder Früchtekörbetragende, die vier Jahreszeiten.

Diese Engel passen überall dahin, wo ein Eingangsportal flankiert, eine Balustrade verziert, der Umwelt kundgetan werden soll, daß hier vermögende Leute wohnen.

Ich hatte leichtsinnigerweise zwei dieser Statussymbölchen rechts und links vor meinem Geschäftseingang aufgestellt, in der Überzeugung, daß niemand einen über fünfzig Kilogramm schweren steinernen Engel stiehlt.

Einer davon, den Winter darstellend, mit einem um den Kopf und die Schultern geschlungenen Tuch, wurde verkauft. Als Grabstein für ein verunglücktes kleines Kind. Der lachende, ährentragende Sommer stand nun allein da. Und eines schönen Tages war er verschwunden. Einfach weg. Gestohlen!

Die Versicherung lehnte einen Schadenersatz ab. Ich fragte mich, ob sich der Dieb an meinem gestohlenen Sommer wohl freuen würde — und dann vergaß ich ihn.

Vor gar nicht so langer Zeit erhielt ich eine amtliche Anzeige, viermal umadressiert, aus dem Berner Oberland, daß mein Engelchen gefunden worden sei.

Heute steht es also hier — eigentlich deplaciert — in einem bescheidenen Gärtchen vor einem noch bescheideneren Häuslein, in dem alle Mauern krumm und schief sind.

Das Engelchen ist für mich nicht Symbol des Sommers. Es ist Andenken an mein früheres Leben, das auch seine schönen Seiten hatte. Aber zurück möchten wir beide nicht mehr — das Engelchen und ich.

Deshalb unser gemeinsamer Dank an den Dieb, der den Sommer stahl — und an die Polizei, die ihn nach vielen Jahren wiederfand.

*

Wie viele Leute beneiden doch einen Bauern. Er ist frei. Er hat niemanden, der ihm befiehlt. Er kann seine Arbeit einteilen, wie er will. Er ist Herr über seine Tiere.

Alles falsch.

Zu beneiden ist ein Bauer schon — trotzdem. Aber anstatt einen Chef, der ihm befiehlt, hat er deren unzählige. Da ist zum Beispiel die Jahreszeit, da ist das Wetter — ein launischer Vorgesetzter, dessen Befehle man falsch verstehen kann, worauf man dann vielleicht viele Stunden vergeblich arbeitet.

Und Herr der Tiere... Ich jedenfalls, ich bin die Köchin, das Zimmermädchen, die Kellnerin, die Reinemachefrau, die Säuglingspflegerin, der Arzt, die Krankenschwester und wenn's sein muß auch die Hebamme meiner Tiere.

Das Herrin-Sein beschränkt sich auf die Entscheidung, welche Tiere gepaart, verkauft oder getötet werden sollen. Letztere Seite würde ich gerne irgend jemand anderem überlassen. Es ist keine Frauensache, Leben zu beenden. Ein Tier selbst töten, das kann ich nicht und will ich auch gar nicht können. Hierzu braucht es Männer.

Glücklich bin ich da, daß ich meine Bergamasker Freunde habe. Bruno und Santina, mit ihrem Sohn Efrem. Bruno ist Schreiner und wohnt in San Michele. Michelangelo war es, der mich mit ihm und seiner Familie bekanntmachte. Wenn ich Michelangelo nur sagen könnte, wie dankbar ich ihm dafür bin. Bruno hat seinerzeit die nötigsten Schreinerarbeiten auf dem Monte Valdo erledigt. Ohne Elektrizität, mit den primitivsten Werkzeugen, brachte er wahre Kunstwerke zustande. Wenn ich an die Treppe denke, die Bruno aus dem alten Kastanienholz der Futterkrippe zimmerte. Diejenige, die Michelangelo dann in einem Anfall von Bergkoller mit der Motorsäge in tausend Stücke zerschnitt. Ich sehe Bruno immer noch, wie ihm die Tränen in die Augen schossen, als er seine mit so viel Hingabe gefertigte Arbeit zerstört sah.

«Oh, wenn ich diesen Michelangelo jetzt hier hätte, oh, den würde ich, oh, dem täte ich...»

Er sagte nicht, was er ihm würde und täte, wischte bloß mit der Hand übers Gesicht, zog einen Bleistift und Papier aus der Tasche, um die für die Reparatur benötigten Holzmengen zu notieren.

Und dann war ich nach Froda gezogen. Bruno hatte mir hier die Ställchen für die Kaninchen gebaut, hatte mir beigebracht, wie man diese Tiere auf rationelle, einfache Art hält, hatte mir unzählige gute Ratschläge gegeben. Auch andere Leute in Froda suchten einen Schreiner, der übers Wochenende dieses und jenes reparieren würde. Und einer empfahl ihn dem andern, so daß Brunos rotes Auto, irgendwo in Froda parkiert, zum Samstag und Sonntag gehört. Bruno besucht mich dann jedesmal und tötet Kaninchen und Hühner, falls dies notwendig ist.

Santina ist Spezialistin im Hühnerrupfen und -ausnehmen. Ein Huhn ordentlich zu rupfen ist eine ganz beträchtliche Arbeit. Ich erinnere mich daran, wie es war, als die ersten fünf Hähnchen pfannenreif waren. Santina schaffte es, drei Tiere zu rupfen, ohne die Haut auch nur ein bißchen zu verletzen, als ich mich immer noch mit dem ersten abmühte.

Natürlich legten wir die Daunen beiseite. Einer meiner ganz eisernen Grundsätze ist es, nichts, aber auch gar nichts wegzuwerfen, was man brauchen kann. Hier waren es nun also die Hühnerfedern. Es gab einen ganz ordentlichen Haufen. Ich freute mich schon darauf, mein Kopfkissen «aus eigenem Boden» zu haben. Aber zuerst mußten die Federn gewaschen werden. Portionenweise gab ich sie in ein Seifenwässerchen, wusch, spülte sorgfältig ein paar Mal. Bis das Wasser ganz klar war. Zum Trocknen breitete ich sie auf einem Papier auf der etwas erhöht gelegenen Terrasse aus. Beinah die ganze Fläche war bedeckt mit schönen, weißen, feinen, saubern, weichen Daunenfedern, auf denen ich herrlich träumen würde. Immer wieder ging ich nachsehen, ob sie nun trocken seien.

Zum Schluß, als ich sie eigentlich hätte einpacken können, beschloß ich, ihnen noch die letzten Strahlen der untergehenden Sonne zu gönnen.

Da kam ein Windstoß, ein allereinziger.

Haus und Garten, Bäume und Sträucher, das Weglein, der Tisch unterm Nußbaum, die Kellertreppe, meine für den Stallgang bereitstehenden Stiefel, alles, alles war mit Federn bedeckt, den feinen, weichen. Von der andern Talseite aus schien es, als ob es bei mir mitten im Sommer geschneit hätte. Wer hat schon eine Ahnung, wie viele Federn es von fünf Hähnen gibt, und wer, bitte, wer weiß ein System, um Federn zu trocknen, ohne daß sie fortfliegen?

Ich wünsche mir doch so sehr mein Selbstversorgungs-Daunenkissen!

*

Selbstversorgung. Das tönt so ernst und entsetzlich sachlich. Gewiß, enorm viel Arbeit steckt dahinter. Aber die unvergleichliche Befriedigung, die diese Lebensart bietet, bedingte eigentlich ein schöneres Wort dafür. Wenn ich an den Stolz denke, den ich im letzten Herbst fühlte, wenn ich meinen Keller betrat. Reihen von Marmeladegläsern, gefüllt mit selbstgesuchten oder selbstgepflanzten, selbsteingemachten Früchten: Heidelbeeren, Himbeeren, Brombeeren. Die Tiefkühltruhe vollgepackt mit so viel Gemüse, daß ich bis zur nächsten Pflanzperiode nichts zu kaufen brauchte. Kartoffeln, genügend für mich und die Kaninchen. Topinambur und Pastinaken, zwei Gemüsearten, die ich pflanzte, weil sie so komisch hießen, und die ich den Kaninchen zu verfüttern gedachte. Bis ich selbst davon versuchte und dann den Tieren nur noch die entstehenden Abfälle gab. Und gedörrte Bohnen, Äpfel, Birnen und Pilze.

Als ich rein spaßeshalber ein Inventar meiner eigenen Produkte machte, kam ich auf folgende kunterbunte Liste: Eier, Daunenfedern (falls nicht fortgeblasen), Hühnerfleisch, Trutenfleisch, Kaninchenfleisch, Kaninchenfelle, Radieschen, Karotten, Pastinaken, diverse Salatarten, alle erdenklichen Gewürzkräuter, Randen, Kohlrabi, Spinat, Rettich, Zuckererbsen, Erbsen, Bohnen, Kohl (weißer, grüner, roter), Rosenkohl, Tomaten, Zucchetti, Gurken, Kartoffeln, Topinambur, Steinpilze, Pullover, Schals, Mützen, Socken, Handschuhe, Pantoffeln, verschiedene Beeren, zwei Bücher, ein Heustock.

Nun höre ich verschiedene Einwände. Wieso Trutenfleisch? Ist der Garten plötzlich so groß? Und wieso Pullover und anderes Wollzeug? Das braucht doch Wolle und somit

Schafe. Und was hat ein Heustock damit zu tun, der ist doch bei «Kaninchen» inbegriffen?

Sachte, liebe Freunde, sachte. Schön eins nach dem andern.

Fangen wir zur Abwechslung mal hinten an. Beim Heustock.

Liebe Alle, die Ihr nicht Bauern seid, glaubt mir, auf keines meiner Erzeugnisse, auch auf meine Bücher nicht, bin ich so stolz wie auf meinen Heustock. Nichts hat so viel Schweiß gekostet wie dieser. Daher der Stolz. Daher die separate Erwähnung in meiner Liste.

Eines allerdings sei vorweg genommen: Eine nicht mehr junge Frau, die ganz allein heuen muß in einer gebirgigen Gegend wie das Acquaverdetal, die ist nicht zu beneiden. Wenn ich vor einer großen Wiese stehe (eine gibt es, die ist so steil, daß ich sie kniend mit der Sichel mähen muß), dann sehne ich mich nach tatkräftiger Hilfe. Und ich sehne mich ein zweites Mal danach, wenn das Heu zusammengerecht und in Heutücher gebunden ist, denn der Heimtransport ist nochmal ein schweißnasses Kapitel.

Da sind zum Beispiel Marinos Wiesen bei der Kirche. Hier habe ich wenigstens das Problem des Mähens nicht, weil Marino das gern tut und ich dann einfach die übrigen Arbeiten machen muß, also die Mahden zerteilen, das Heu wenden, zusammenrechen und heimtransportieren. Die Kirche liegt auf der meinem Haus entgegengesetzten Talseite. Ich gehe also morgens zum Zerteilen, mittags zum Wenden, abends zur restlichen Arbeit hin. Die Heubündel sind gegen vierzig Kilogramm schwer. Ich trage sie über den Kirchweg hinunter, verlade sie in und auf mein Auto.

Drei haben Platz für einen Transport.

Dann fahre ich mit dem Wagen zum Seilbähnchen, binde jeweils eine Fuhre daran fest, gehe zum Haus, drücke mit einem Dankgebet an Luzi aufs Seilbahnknöpfchen. Ich muß das Heubündel von der Bahn in den Stall tragen, wieder hinunter zum Fluß gehen, ein weiteres Bündel befestigen und so weiter und so weiter.

Und dann gibt es Abende, da gehe ich schlafen, bevor es dunkel geworden ist...

Aber ich muß ganz energisch fordern, daß man mich nicht bedauert. Ich hab's ja selbst so gewollt. Daß ich mir seinerzeit vorstellte, männliche Hilfe zu haben, mag das nun in Form eines Michelangelo oder eines andern Vertreters des starken Geschlechts gewesen sein, das war eben eine Fehlspekulation.

Als die Zeit des Emdens zu Ende war, war mein Heustock zu respektabler Größe angewachsen. Seine Grundfläche betrug gegen drei mal drei Meter, die Höhe etwa vier Meter. Ich war zu müde, um die Anzahl der gefüllten Heutücher zu notieren. Sonst wüßte ich jetzt, wie viele Kilogramm ich geerntet habe. Aber ich schätze, so gegen zwei Tonnen müssen es schon gewesen sein.

Ich weiß, daß es unter meinen Lesern recht kritische Leute gibt. Solche, die jetzt feststellen, daß sie nicht wissen, wo mein Heustock sich befindet, und solche, die bemerken, daß man mit diesem Quantum wohl an die vierzig Kaninchen gut über den Winter bringt. Aber in der Produktionsliste sind doch auch wollene Wintersachen und somit Schafe erwähnt. Wo sind diese untergebracht? Und wie viele sind es? Woher stammte das Geld, um sie zu kaufen? Und das Heu? Hier die Antwort:

Sie erinnern sich vielleicht noch: mein Hühnerhof steht

auf dem Land meines Nachbarn Odivio. Für zwanzig Franken Miete im Jahr, zahlbar jeweils an Pfingsten, darf ich den Dachstock eines seiner Ställe als Hühnerstall und ein großes Stück Land davor als dazugehörigen Hof benützen. Die Kaninchen haben ihre Ställe ebenfalls im Hühnerhof.

Darüber, wo ich das Heu für die Kaninchen aufbewahre, zerbrach ich mir erst den Kopf, als ich meine erste kleine Ernte in einem Teil des beim Haus gelegenen Gartens machte, der sich für den Gemüseanbau als zu steinig erwies. Ich grenzte also einen Teil des Hühnerstalls ab, um dort mein Heu zu lagern. Odivio kam dazu, als ich im Begriff war, einen Tragkorb voll Heu dorthin zu bringen.

«Mach das nicht», sagte er. «Heu gehört nicht in den Hühnerstall.»

«Wohin soll ich es denn sonst tun?»

«Eh, das ist doch sonnenklar. In meinem Schafstall hat es Platz im Überfluß.»

Odivios Schafstall, der schönste, größte Stall im ganzen Dorf, steht noch ein paar Schritte weiter talwärts vom Hühnerhof. Außerdem ist es der Stall mit der allerschönsten Aussicht weit und breit. Die Schafe kümmert das nicht. Ich aber freue mich nun jeden Tag daran.

Einen Heuboden hat der Stall, daß darin größere Veranstaltungen abgehalten werden könnten.

«Da», sagte Odivio, «die vordere Hälfte brauche ich. Für das Heu meiner Schafe. Und den hintern Teil links kannst du haben für dein Heu, und im Teil rechts verstaust du die Strohballen, denen es nicht gut tut, wenn du sie im Freien lagerst.»

«Danke, herzlichen Dank», antwortete ich. «Nun sag mir noch, was das an zusätzlicher Miete kostet.»

«Nichts — das ist in der andern Miete inbegriffen.»

Nun hatte ich also nicht nur sprichwörtlich, sondern wirklich «das Heu auf der gleichen Bühne» mit Odivio. (Ich weiß nicht, ob dieser Ausdruck für «sich mit jemandem gut verstehen» auch im Hochdeutschen gebräuchlich ist). Selbstverständlich schenkte ich Odivio einen leckeren Kaninchen-Sonntagsbraten und zerbrach mir den Kopf, was ich ihm sonst noch zuliebe tun könnte.

*

Es wurde Spätherbst. Die Bauern holten ihre Schafe von den hochgelegenen Alpen, wo sie den ganzen Sommer über sich selbst überlassen sind. Deshalb sind sie dann beinahe so scheu wie wilde Tiere. Die Besitzer kennzeichnen sie nach der Schur durch eine farbige Markierung auf dem Rücken. Ein Kreuz oder ein Punkt in Blau, Rot oder Grün. Damit lassen sich schon sechs verschiedene Besitzer ausmachen. Außerdem wird am Ohr der Tiere ein Schnittchen angebracht. Rechtes Ohr Schnitt hinten, vorn oder an der Spitze, linkes Ohr dasselbe ergibt sechs verschiedene Möglichkeiten. Die einzelnen Familien haben «ihren» Schnitt wahrscheinlich seit Jahrhunderten.

Odivios Schafe haben einen roten Punkt auf dem Kreuz und einen Schnitt in der rechten Ohrspitze.

Eines Sonntags trieb er eine Herde Schafe in seinen Stall. Keineswegs nur solche mit roten Punkten.

«Die da gehören Ettore, und die Gualtiero», erklärte er mir. «Aber Gualtiero hat drei von meinen Schafen gefunden und Ettore eines.»

Und dann werden die Schäflein also ausgetauscht, bis jeder seinen Besitz beisammen hat. Mich erstaunt es jedesmal, wie wenige Tiere während des Sommers verloren gehen.

«Wer schaut eigentlich dieses Jahr zu deinen Schafen?» wollte ich wissen. Odivio wohnt in San Michele und kommt nur übers Wochenende nach Froda. Die letzten paar Winter hatte Teresina Odivios Schafe gefüttert. Nun war sie aber unsere neue Posthalterin geworden und hatte kaum mehr Zeit, um täglich zweimal Odivios Schafe zu warten.

«Mhm», sagt Odivio, «ich habe eigentlich an dich gedacht.»

«Ich habe auch schon an mich gedacht», lachte ich. «Es ist doch logisch. Wenn ich schon hier bin wegen meinen Tieren, wenn ich schon mein Heu in deinem Stall habe, dann ist es nicht mehr als recht, wenn ich deine Tiere auch füttere.»

Und so geschah es denn.

Es brauchte wenig, um sie an mich zu gewöhnen. Kleine Stückchen von hartem Brot, Orangenschalen, Apfelbutzen. Bald waren wir Freunde. Auch bei Schafen geht die Liebe durch den Magen.

Schafe haben für mich etwas Biblisches. Möglicherweise ist das «Lamm Gottes» daran schuld, von dem ich im Religionsunterricht soviel hörte. Vielleicht ist auch der Heiligenschein die Ursache. Jener Heiligenschein, der über jedem weidenden Schaf schwebt, das in der schräg einfallenden Wintersonne sein Futter sucht.

Ich weiß nicht, ob es der Liebe Gott war, der die Lämmchenmusik persönlich komponiert hat, oder ob er der heiligen Cäcilia, vielleicht auch einem andern musikalischen Heiligen, diesen Auftrag delegiert hat. Lämmchen m ü s s e n eine ganz besondere, fröhliche Musik hören, die ein Menschenohr nicht vernimmt. Sie könnten sonst nicht derart bezaubernde Tänze vollführen. Sie müssen mit ihrem Pfleger sehr vertraut sein oder sich unbeobachtet fühlen, um ihre Künste frei zu entfalten. Dann aber bekommt man eine Kür zu sehen, die einem Eiskunstläufer alle Ehre machen würde. Und Kapriolen springen, das können Lämmchen, ohne daß es ihnen ein Rittmeister an der Longe beigebracht hat. Und mit Seitwärtssprüngen quer durch den ganzen Stall fegen wie ein Irrwisch, das Ganze zweimal mit richtungsändernden Sprüngen kombiniert. Ich versäume es nie, nach der Fütterung den Tieren ein paar Minuten lang zuzusehen. Für mich sind Lämmchen mit ihrem stummen Tanz der Ausdruck reiner Lebensfreude.

Um so trauriger ist es dann, wenn eines stirbt.

Und sie starben wie die Fliegen. Zweimal war ein Neugeborenes schon tot, als ich morgens in den Stall kam. Ein paar Tage später irrten Zwillinge blökend durch die Herde und starben nach ein paar Stunden. Eines kam zu früh zur Welt. Es hatte noch nicht einmal ein Pelzchen. Machte ich etwas falsch? Ich beriet mich mit Emilia, dann mit Gualtiero, schließlich auch mit Odivio.

«Das ist heuer überall so. Da kann man nichts machen. Irgend ein Virus. Oder vielleicht haben sie einfach zu kalt. In Laverzona ist es dasselbe, in Briana auch. Mach dir deswegen keine Sorgen.»

Doch, ich machte mir Sorgen. Und ich war nicht bereit, gottergeben die Hände zu falten, zum Himmel zu schauen und zu sagen «es ist heuer einfach so».

Wenn es ein Virus war, dann ließ sich das untersuchen. Hatten sie bloß kalt, dann mußte ich sie eben wärmer halten. Dafür zu sorgen, hielt ich für meine nächste Aufgabe.

Am Heiligen Abend bemerkte ich, daß ein Schaf sich anschickte, sein Lamm zu gebären.

Ich würde Weihnachten also im Stall verbringen. Ich holte mir eine Kiste, Stroh, zwei Gummibettflaschen (für wie viele Zwecke die doch nützlich sind!), eine Wolldecke, eine Strickarbeit und ein Windlicht. Auf die Kiste setzte ich mich, mit den Bettflaschen wärmte ich das Stroh. Die Decke wickelte ich um mich. Dann strickte ich beim Schein des Windlichts und wartete auf das Lämmchen. Die Schafe legten sich, eines nach dem andern, gemütlich kauend auf die Streu. Nur die werdende Mutter ging unruhig durch den Stall, hin und her, hin und her. Ich verhielt mich ganz ruhig, um sie nicht zu erschrecken. Friedlich war es hier. Ein bißchen kühl vielleicht, aber eigentlich ganz gemütlich. Die schweifenden Gedanken landeten bei der Weihnachtsgeschichte.

Das Schaf gab einen freundlichen, warmen, mütterlichen Ton von sich und beschnupperte ein nasses Bündelchen Leben, das plötzlich auf der Streu lag. Da die Mutter sich nicht anschickte, ihr Kind trocken zu lecken, wie dies Katzen tun, nahm ich einen Wisch Stroh, rieb das Lämmchen ab. Nase und Maul waren voller Schleim, aber es atmete, kaum hatte ich meine Massage begonnen. Wenn es bloß niesen würde, dann wären seine Atemwege sauber! Ich ging zu den schlafenden Hühnern, holte mir eine Feder und kitzelte das Neugeborene damit. Dreimal mußte es niesen. Ich putzte sein Näschen und legte es in die Kiste mit den beiden Bettflaschen. Müde war es. Es ließ sich auch mit Stroh zudecken. Ich hockte mich auf den Krippenrand und strickte weiter. Nach einer Zeit, in der ich einen halben Sockenfuß anfertigte, raschelte es in der Kiste. Das Neugeborene hob den Kopf und machte immer kräftigere Anstrengungen, sich zu erheben. Die Mutter holte nun ihre Pflicht nach und leckte es. Endlich hatte es seine vier langen, staksigen Beine in der richtigen Reihenfolge aufgestellt. Und dann stand es zitternd in der fremden Welt.

Nun geschah etwas Rührendes. Das Lämmchen wurde von den andern Schafen beschnuppert. Sie machten bei der neuen Schafmama sozusagen eine Gratulationscour.

«Kompliment, meine Liebe, du hast beinah das hübscheste Lämmchen. Nur meines ist noch schöner.»

«Süß ist dein Kind, herzlichen Glückwunsch.»

«Ein bißchen mickrig ist es noch, aber ganz nett.»

Ich schaute amüsiert und gerührt zu.

«Willkommen bei uns», sagte auch ich zu ihm. Ich hob es aus der Kiste. Es suchte nach Milch. An der Flanke der Mutter. Die hob ihr Vorderbein und schob es sachte nach hinten. Noch ein paar Versuche am falschen Ort — dann hatte es seine Nahrungsquelle gefunden. Sein Schwänzchen wackelte hin und her. Ein Zeichen, daß ein Lamm trinkt.

Ich konnte meine Nachtwache beenden, packte meine Siebensachen zusammen, wünschte allen eine gute Nacht und ging, das Windlicht vor mir hertragend, zum Haus. Von weit weg hörte ich das Glockengeläute, das zur Mitternachtsmesse rief.

Das Lämmchen würde Natalina heißen. «Weihnacht» heißt auf italienisch «Natale».

Nach Weihnachten verschwand die Lämmchenkrankheit so still und geheimnisvoll, wie sie gekommen war. Keines der Tiere starb mehr, weder hier noch in den anderen Dörfern. Nun weiß ich nicht, ob Natalina auch ohne meine Hilfe am Leben geblieben wäre. Dafür weiß ich etwas anderes: Weihnachten als Schaf-Hebamme wäre den vielen, vielen zu empfehlen, die an jenem besonderen Abend traurig allein in ihrem Stübchen sitzen und über ihre Verlassenheit nachbrüten...

*

Es soll mir keiner kommen und behaupten, Schafe seien einfach Schafe. Schafe sind Individuen. Nach einer Weile kannte ich jedes einzelne und eines nach dem andern bekam auch seinen Namen. Schafe haben unterschiedliche Gesichter, verschiedene Manieren und Unarten. Genau wie Menschen — oder irgend eine andere Tierart. Es gibt Freche, Mutige, Scheue, Zaghafte, Unberechenbare.

Mufti, der Widder, ist ein um seine Familie höchst besorgtes Oberhaupt. Nie geht er zum Brunnen, bevor alle seine Herzensdamen und Kinder den Durst gestillt haben.

Er läßt allen den Vortritt, bevor auch er um sein Stückchen Brot bettelt. Dies vielleicht auch, weil er genau weiß, daß ich eines für ihn aufspare.

Eines mag Mufti gar nicht. Möglicherweise allerdings ist es für ihn einfach eine Aufforderung zu einer kleinen Rauferei: wenn ich ihn nämlich am Kopf kraule, dann saust er auf mich los und schubst mich. Und wenn da so sechzig, siebzig Kilogramm auf einen losgehen, dann gibt's hie und da eine Beule.

Lustig ist es, wie Schafe trinken. Sie tauchen nicht das ganze Maul ins Wasser wie etwa eine Kuh. Nur die Mundspitze. Das ist ganz ähnlich, als ob sie aus einem Siruppröhrchen tränken. Ich habe noch nicht herausgefunden, ob sie dies nur tun, weil das Winterwasser im Brunnen sehr kalt ist.

Kleinigkeiten, gewiß, aber tägliche kleine Schäfleinfreuden, die ich sammle, so wie ein anderer Briefmarken oder sonst was sammelt.

Ich mache mit Odivios Schafen sozusagen eine Schäferin-Lehre, kombiniert mit tierärztlichem Telefon-Fernkurs. Es genügt nicht, den Tieren Heu und Kraftfutter in den richtigen Mengen vorzusetzen, sie zu tränken und bei schönem Wetter auf die Weide zu treiben. Man muß sie beobachten, um bei Anzeichen von Unregelmäßigkeiten schnell handeln zu können.

Tut man das nicht, dann stirbt ein Tier.

Da gab es zum Beispiel Lämmchen, die entwickelten sich drei, vier Wochen lang prächtig, um dann plötzlich wie gelähmt liegen zu bleiben, sich höchstens noch mühsam aufzurappeln, um ein paar Schlücke Wasser zu trinken — und die Stallmauer abzulecken. Die telefonische Schilderung dieser Symptome erlaubte es «unserm» Tierarzt, die richtige Diagnose zu stellen. «Unser» bezieht sich auf meine eigenen Tiere.

Die Lämmchen hatten einen Mineralsalzmangel, den ich mit Injektionen und Tabletten beheben konnte. Wobei ich alle möglichen Tricks anwenden mußte, daß sie die auf der rechten Maulseite eingeschobenen Pillen nicht auf der linken sofort wieder ausspuckten.

Hätte ich eigene Tiere, ich würde ihnen vorbeugungshalber eine Salzlecke einrichten, aber das tut man hier nicht.

«Hätte ich eigene Tiere...», dies dreht sich in meinem Kopf. Zum Esel, den ich mir so sehnlich wünsche und immer noch nicht zu kaufen vermag, gesellen sich nun auch noch Schafe.

Mein Wunsch-Bauernhof wird immer größer.

Luzi und Bruno behaupten, daß ich nicht Ruhe gebe, bis meine Stallungen bis hinunter zum grünen Fluß reichen.

Hätte ich Schafe, dann müßten es Milchschafe sein. Ostfriesische Milchschafe. Dann würde sich meine Selbstversorgungsliste noch beträchtlich erweitern. Es kämen dazu:

Milch, Butter, Käse, Yoghurt und extra feine, langstaplige Wolle.

Die Schafe und der Esel — sie hängen davon ab, wie viele Bücher mein Verlag im letzten Jahr verkauft hat.

Ein Schriftsteller hat es nicht leicht. Er muß jeweils bis Ende März warten, um zu wissen, wie viele Bücher im vergangenen Jahr verkauft worden sind. Davon erhält er einen gewissen Prozentsatz des Verkaufspreises.

Nicht zu wissen, wie hoch dieser Betrag ist, hat den Nachteil, überhaupt nicht planen zu können, und den Vorteil, daß es die Phantasie beflügelt.

«Was tue ich, wenn ich soundsoviel erhalte?»

«Was mache ich, wenn ich nur soviel bekomme?»

«Oder noch weniger?»

«Oder doch vielleicht ein bißchen mehr?»

Vorläufig aber habe ich weder Esel noch ein einziges eigenes Schaf, gebe mir nur Mühe, meine Hühner, Kaninchen und Truten und Odivios Schafe heil durch den Winter zu bringen.

*

So wie der Schnee zum Winter gehört, gehören bei uns auch die Stromunterbrechungen dazu, die man, ohne zu schimpfen, hinnimmt. Vor drei Jahren waren es mehr als zwei Tage, die wir ohne den so selbstverständlichen Luxus verbringen mußten. Schnell lernt man dann, darauf zu achten, daß die Wasserhahnen nicht mehr ganz zugedreht werden dürfen, daß im Klospülkasten immer ein bißchen Frostschutzmittel sein muss. Beides, um die Gefahr des Einfrierens zu vermindern. Ohne Wasser zu sein, ist viel schlimmer, als keine Elektrizität zur Verfügung zu haben.

Gekocht wird eben auf dem Kaminfeuer.

Nie werde ich häufiger eingeladen, als wenn wir keinen Strom haben. Wenn ein paar zusammenhocken, haben alle wärmer. Und wenn es gemütlich ist, dann singt man.

Kürzlich platzte ich versehentlich in eine höchst fröhliche Gesellschaft.

«Wer hat denn da Geburtstag?»

«Niemand. Aber wenn wir weder Radio hören noch Televisione schauen können, dann machen wir eben selbst Musik. Gerade vorhin haben wir festgestellt, daß das eigentlich viel lustiger ist.»

Die Glühbirne der Lampe begann zu flackern und brannte wieder.

«Schade», sagen wir alle. Wir löschen das Licht und singen beim Schein des Kaminfeuers und einer Petrollampe weiter...

*

Gegen das Frühjahr wird die Schafhirt-Arbeit schwieriger. Sobald der Schnee geschmolzen ist, und das ist er zuerst an den steilsten, gegen Südwesten gerichteten Hängen, läßt man die Schafe auf die Weide. Aber beileibe nicht, bevor die Sonne den Boden etwas abgetrocknet hat, sonst besteht die

Gefahr von Blähungen. Geblähte Schafe gehen meist elendiglich zugrunde. Logisch ist also, daß die Tiere die Nacht im Stall verbringen müssen, damit sie am Morgen nicht zu früh weiden können.

Solange sie nur die ihnen bekannten Leute und Hunde sehen, macht es auch keine große Mühe, sie abends einzuschließen. Sie stehen sogar meist zur Fütterungszeit schon wartend da — wie Kunden vor einer Bäckerei, wenn's frisches Brot gibt.

Die Osterzeit bringt aber die ersten Touristen mit sich, die in grellbunten Kleidern durch Felder und Wälder marschieren, womöglich singen, womöglich ihre Hunde freilassen, die bellend in die verängstigten Herden rasen.

Offenbar gibt es relativ wenige schreibende Schafhirten (oder schafehütende Schreiber), denn sonst wäre von der Mühsal des Schafe-Eintreibens schon längst berichtet worden.

Letzthin zum Beispiel, da zog eine singende Kinderschar dem Fluß entlang. Unsere Schafe, die vordem friedlich gegrast hatten, zerstoben in alle Winde.

Am Abend standen acht Tiere vor dem Stall. Noch neunzehn fehlten — so groß ist die Herde während des Winters geworden —, darunter auch die letzte Woche geborenen Zwillinge. Ich ging auf die Suche, am Arm ein blaues Eimerchen mit Kleie und Salz drin.

«Deine sind hinter Cortascio», sagte Emilia. «Weiß der Liebe Gott, wo ich die meinen finde.»

Eine Viertelstunde flußaufwärts sah ich sie. Sie klebten wie weiße Punkte mit vier Beinen dran hoch oben am allersteilsten Hang. Ich rief. Sie schauten, fraßen weiter. Da blieb nichts anderes übrig, als den Hang hochzukraxeln.

«Gratis-Fitnesstraining», brabbelte das Innere Stimmchen irgendwo in meinem Hirn. Aber nur ganz schüchtern.

«Chumm-chumm-chumm — komm-komm-komm», rief ich, wenngleich Emilia es nicht leiden kann, daß ich mit Tessiner Tieren schweizerdeutsch spreche. «Chumm-chumm.»

Mufti war der erste, der sich meiner erbarmte. Zaghaft kam er zu mir, schnupperte an meiner Hosentasche.

«Hier hast du dein Guti-guti.» Ich habe mir da so meine eigene Schäfleinsprache zurechtgebogen.

Langsam, langsam kamen sie alle. Auch die Mama mit den Zwillingen. Ich mußte alle heimbringen, komme was da wolle.

Aber sie wollten gar nicht. Sie waren offenbar quer zum Hang durch den Haselwald hierher geflohen und wünschten nun auf demselben Weg wieder heimzukehren.

Eigentlich ginge ein annehmbarer Holzerweg durch diesen Wald. Da aber mehr als zwei Meter Winterschnee die Stauden niedergedrückt haben, mußte ich mich gebückt unter den querstehenden Stämmen und Ästen durchquetschen. Die Mutter mit den Zwillingen blieb zurück. Die Kleinen konnten oder wollten nicht mehr. So klemmte ich denn unter jeden Arm eines der Lämmchen. An der einen Hand baumelte auch noch der blaue Eimer, aus dem ich hie und da an meine Schar eine Handvoll Lecke verteilte.

Es müßte mir's schon einer nachmachen, um mitzufühlen, wie mühsam das ist. Wir stolperten gemeinsam durchs Gebüsch und langten schließlich hoch über dem Stall an.

Die ganze Böschung rutschte ich kurzerhand auf dem Hosenboden hinunter. Viel blieb von demselben nicht mehr übrig. Aber — gottlob — ich hatte es geschafft. Nun noch ein paar Meter ebenen Weges, und meine Herde war wohlbehalten zu Hause.

Mufti stoppte, witterte, kehrte um und stürmte bergaufwärts, hinter ihm drein alle Schafe mit Ausnahme der Zwillingsfamilie, weil ich die Kleinen immer noch unter den Armen trug.

«Knips», machte ein Fotoapparat.

«Wie süß», sagte ein gepflegter Herr mit roten Bergsteigersocken, roter Windjacke, begleitet von einer Dame im knallgelben Mantel. Beide waren hinter der Stallwand hervorgetreten.

«Wir wußten gar nicht, daß Sie auch Schafe haben. Aeh — Sie sind doch Kathrin Rüegg, nicht wahr?»

«Mhm», schniefte ich und wischte mit dem Ärmel über die Stirn. Hoffentlich sahen die den kaputten Hosenboden nicht.

«Dürfen wir Sie vielleicht um ein Autogramm bitten, hier, wir haben Ihre Bücher gleich mitgebracht?»

Jener Herr und jene Dame sind nun sicher der Ansicht, daß ich eine sehr wortkarge Person bin. Sie mögen mir verzeihen, daß ich nicht dazu aufgelegt war, freundliche Konversation zu machen.

Ich sammelte meine letzten Kräfte, füllte mein Eimerchen von neuem. Nochmal anderthalb Stunden Kraxelei kostete mich mein eigenes Autogramm. Dann aber waren Mufti & Co. vollzählig bei den andern im sichern Stall. Die Zwillinge tranken gemeinsam mit wackelnden Schwänzchen Mamas süße Milch.

Die beiden sind mir besonders ans Herz gewachsen. Ich m u ß sie heil über die ersten Wochen bringen, bis Odivio sie wiederum auf die Alp treibt. Schon wegen Emilia. Sie behauptet nämlich, mit meinen Tieren hätte ich «una fortuna del diavolo — ein Teufelsglück», das nun auch auf Odivios Schafe abgefärbt habe.

«Fortuna del diavolo» kaum, liebe Emilia, aber «passione — Hingabe»!

Der Frühling kommt. Zeit der Schafschur. Odivio hat in einen alten Tisch aus massivem Nußbaumholz an allen vier Ecken je zwei Löcher gebohrt. Er legt die Tiere auf den Tisch und befestigt ihre Beine mit Schnurschlaufen, die durch die Löcher gezogen werden. Ein vornehmer Tisch, um Schafe zu scheren. Ich schätze, daß er so gegen zweihundert Jahre alt ist und beim Antiquar gut und gern einen Tausender einbringen würde, wären die Schnurlöcher nicht drin.

Man muß zu zweit sein, um die Tiere auf den Tisch zu legen. Gottergeben lassen sie sich anbinden und dann, schnipp, schnipp, fällt das Vlies zu Boden. Odivio schert von Hand mit einem Werkzeug, das einer Rasenschere sehr ähnelt.

«Ich verletze die Tiere so weniger», beantwortet er meine Frage nach einer elektrischen Schere. Jedes Schaf bekommt zum Schluß eine Pedicure-Behandlung. Das heißt, daß man seine Klauen zurückschneidet und mit einer Desinfektionslösung besprayt. Zwei der Tiere hinken. Ihnen wird ein fachgerechter Verband aus geblümter Baumwolle angelegt.

Sechs meiner aufgesparten leeren Futtersäcke werden mit der Wolle gefüllt. Die Wolle des preisgekrönten Mufti-Widders und diejenige eines Schafes mit besonders langen Haaren verpacke ich extra und schreibe sie an.

Ach, und wie sehen die Tiere nun aus? Wie lauter frierende Nudisten. Vielleicht bilde ich es mir bloß ein,

aber sie benehmen sich, als ob sie sich ihrer Nacktheit schämten. Ich habe plötzlich Mühe, sie zu unterscheiden und leide sozusagen mit ihnen.

Odivio lacht mich aus und sagt:

«Du mußt die Wolle nun auf dem Heustock ausbreiten, damit sie gut trocknet. Und dann wünsche ich dir im nächsten Winter viel Vergnügen. Es wird eine ganz schöne Arbeit sein, all dieses Material zu verspinnen.»

«Ja, wie meinst du das denn?»

«Nimm die Wolle all meiner Schafe als Lohn für deine Hirtenarbeit.»

Natürlich stritten wir uns eine Weile hin und her. Ich wollte für das winterliche Schäferin-Lehrjahr keinen Lohn. Und Odivio behauptete, dies sei eine Arbeit wie eine andere auch. Und ihm sei sie so viel wert, wie er an barem Geld erhielte, würde er die Wolle verkaufen. So war ihm gedient und mir. Nur, soo viele Wolle brauchte ich für meinen eigenen Bedarf nicht. Aber es war nicht der Zeitpunkt, um mir darüber den Kopf zu zerbrechen.

Wolle spinnen ist eine Winterarbeit. Stolz bin ich darauf, daß ich es kann.

*

Spinnen: alles Textile hängt doch am Faden, am gesponnenen Faden. Stricken, weben, sticken, klöppeln, knüpfen, häkeln. Könnte man es, wäre nicht einer da, der zuvor den Faden, das Garn spinnt? Schon das allein war für mich ein Grund, spinnen zu lernen. Ganz besonders aber, weil in der Acquaverde-Gegend auch heute noch viele Frauen dieses von den Maschinen verdrängte Handwerk in Heimarbeit ausüben.

Ganz zaghaft hatte ich während meiner letzten Ferien in Froda, damals als Michelangelo im Gefängnis war, im tiefsten Winter bei Fiorente angefragt, ob sie mir diese Kunst beibringen könne.

«Aber gern», sagte sie, «komm wann du willst, ich bin immer zu Hause.»

Fiorente könnte Modell sitzen für eine Allegorie der Guten Alten Zeit. Sie ist etliches über fünfundsiebzig Jahre alt, trägt immer ein Kopftuch, ein blaues, und eine Ärmelschürze. Ihre Augen sind blau, hell, klar und lieb. Und immer lacht sie ein bißchen. Sie wohnt in Roviso, im letzten Dorf unseres Tals, in jenem malerischen Haus, an dem im Sommer die schönsten Geranien und Begonien blühen. Zur Zeit meines Spinnunterrichtes lag eine hohe Schneedecke auf den Dächern. Die einzige Verzierung von Fiorentes Haus war nun ein wunderbar regelmäßig aufgeschichteter Holzstoß. Es schneite leise, als die erste Lektion stattfinden sollte.

Ich klopfte an die Türe, rief: «Permesso?»

«Avanti!» tönte es von innen.

Ich betrat ein Zimmer, das zugleich als Wohn-, Eß-, Arbeitsraum und Küche diente. Rechts an der Wand ein Keramikschüttstein, links ein alter Diwan. Neben diesem ein Holz-Kochherd, auf dem eine Kaffeekanne dampfte, ein langer Tisch, eine Bank und ein paar Stühle. An der Wand Heiligenbilder und ein großes Farbfoto mit vielen, vielen Leuten drauf.

Fiorente stellte einen Stuhl mit einem gehäkelten Kissen vor mich hin, holte in einer Kammer ein altes Spinnrad und ein bißchen Wolle. Dann konnte es also losgehen.

Zuerst mußte ich lernen, wo man die Spannung der Antriebsschnur verstellt, dann etwas, von dem ich zuerst glaubte, es sei kinderleicht: ein Spinnrad treten. Je langsamer ich das konnte, desto besser. Ich mußte dem Rad genau den Schwung geben, daß es sich um eine weitere Drehung fortbewegte und nicht rückwärts lief. Ich trug derbe Gummistiefel, die ich auf Geheiß meiner geduldigen Lehrerin auszog. Nun hatte ich mehr Gefühl. Später fand ich heraus, daß griechische Volksmusik genau den richtigen Rhythmus hat, um ein Spinnrad in Bewegung zu halten.

Fiorente lehrte mich, wie man den Hilfsfaden über die Haken des Krebses spannt, durch die Haspelachse zieht, mit der rechten Hand dem Rad Schwung gibt. Wenn sie es machte, dann drehte sich dieser Faden und nahm regelmäßig Fäserchen von der ungesponnenen Wolle auf ihrem Schoß mit.

Aber ich?

Immer wieder riß er. Oder das Rad drehte sich in der falschen Richtung. Oder der Zug der Haspelachse war zu stark. Oder zu schwach.

Spinnen lernen hat verzweifelte Ähnlichkeit mit den ersten Autofahrlektionen. An so viele verschiedene Dinge sollte ich gleichzeitig denken. Wenn ich etwas vergaß, dann gab es entweder ein Würstchen — ein «Salamino» — oder eine Art Seil, das dicker und dicker wurde, oder der Faden riß. Einmal, zweimal, zehnmal. Und dann zählte ich schon gar nicht mehr.

In der Nacht, die meiner ersten Spinnstunde folgte, träumte ich von Rädern, Krebsen, Haspeln und erwachte schweißgebadet, als ich in einem Haufen ungesponnener Wolle zu ersticken drohte.

Am zweiten Spinntag — diesmal schien die strahlende Wintersonne ins Tal — setzten wir uns in die windgeschützte Veranda. Schneewasser gluckste in den Regentraufen.

Antonio, Fiorentes Mann, spaltete Holz, machte hie und da eine kleine Pause, um sein Pfeifchen zu stopfen und uns drei Spinnerinnen zuzuschauen. Denn heute waren wir zu dritt. Carla, Fiorentes Enkelin, hatte schulfrei und kam, um der Nonna Gesellschaft zu leisten. Carla war ein zierliches, gut zehnjähriges Elflein, das mit seinen flinken Fingern bereits ein feines, regelmäßiges Garn spinnen konnte. Ich schaute ihr bewundernd zu, sah nun auch die anmutigen Bewegungen von Fiorentes verarbeiteten Händen. Und dann begriff ich, weshalb mein Gespinst so verkrüppelt wurde. Die beiden Spinnerinnen, die alte und die junge, streichelten die Wolle, waren lieb mit ihr. Und ich hielt sie mit so steifen, verkrampften Fingern, als ob es Stahlspäne wären. Das war das Geheimnis!

Es war's wirklich, aber bis ich es fertigbrachte, mit bewußt gelockerten Gelenken den Faden zu ziehen — das brauchte nochmals viel Geduld.

Wenn man den Dreh — im wahrsten Sinne des Wortes — einmal heraus hat, dann ist Spinnen kinderleicht. Man muß nichts einteilen, nichts rechnen, nur den Haspel vollspinnen. Zu dieser Arbeit läßt sich's herrlich plaudern.

Fiorente erzählte mir aus ihrem Leben. Vierzehn Kinder hat sie geboren. Zwei sind gestorben. Das Farbfoto an der Wand mit den vielen Leuten drauf ist ihre Familie am Tag ihrer Goldenen Hochzeit. Ich sage ihr nicht, daß es wie ein Ausflugsbild eines stattlichen gemischten Chores scheint.

Dann berichtet sie von früher, wie es war, als die Frauen noch zum Fluß gingen, um zu waschen. Als man dafür zuerst ein Loch ins Eis schlagen mußte, und die gewaschenen Hosen dann so bocksteif froren, daß man sie zuhause neben dem Ofen aufstellen konnte.

Ihre Augen leuchten, als sie sich der Zeiten erinnert, wo in Rasco das erste kleine Elektrizitätswerk gebaut wurde, wo die Mädchen ihres Dorfes am Abend mit den Spinnrädern unterm Arm die dreiviertel Stunden lange Strecke durch den Schnee stapften, um beim neuartigen Licht zu spinnen, zu lachen und zu singen.

«So lange, bis die drei schönen Sterne hinter jenem Berg verschwanden.»

Gegen Abend ist mein Haspel voll. Fiorente stellt fest, daß meine Wolle zu stark gedreht und deshalb wohl solid ist, sich aber viel zu rauh anfühlt. Man kann das korrigieren, indem man sie nochmals über den Haspel laufen läßt, das Spinnrad aber in der entgegengesetzten Richtung dreht. Nun wird auch mein Garn weich, wenn auch noch nicht so schön wie die Präzisionswolle, die Fiorente spinnt. Aber sie tut es auch schon seit mehr als fünfundsechzig Jahren.

Sie deutet auf das Spinnrad, das sie mir geliehen hat. Geschenk zu ihrem zehnten Geburtstag. Es ist ein rührendes Spinnrad. Sein Trittbrett ist ausgehöhlt wie die Stufen einer vielbegangenen Treppe. Das ganze Ding ist so bedeckt mit einer Art Wachs — dem Wollfett —, daß ich nicht einmal mehr erkennen kann, aus welchem Holz es gefertigt wurde. Fiorente fährt mit der Hand liebevoll übers Rad. «Il mio amico intimo — mein intimer Freund», sagt sie und lächelt.

«Darf ich wiederkommen?» frage ich heute beim Abschied. Denn eigentlich kann ich jetzt spinnen.

«Du mußt», sagt Fiorente, «denn du kannst noch lange nicht alles.»

Also lerne ich in weiteren gemütlichen Stunden, wie man zwei oder drei feingesponnene Fäden zwirnt, daß man auch ungewaschene, ungekämmte Wolle verspinnen kann, wenn man das Vlies richtig zerzupft. Diese Wolle ist dank dem verbliebenen Wollfett praktisch wasserundurchlässig. Nur das Gerüchlein, das sich dann im Raum ausbreitet, das erinnert sehr an Schafstall.

Mit der Zeit beherrschte ich mein Spinnrad wie ein Musikinstrument. Heute verbringe ich meine Winter-Abendstunden damit und höre Radio dazu.

Gestern abend zum Beispiel, da brachten sie die vollständige Wiedergabe der «Zauberflöte». Meine Gedanken schweiften weit, weit zurück in die Zeit, wo ich noch in der Stadt und im Luxus lebte. Ich war im Theater. Mit einem sehr geliebten Mann übrigens. Wir hörten einem Sänger zu, der wohl eine wunderschöne Stimme hatte, aber lispelte, was bei «Oh Isis und Osiris» mit so vielen S verheerend wirkte. Ich rieche den Theatergeruch — diese faszinierende Mischung von Plüsch, Parfüm, Bohnerwachs, Schweiß und Staub. Ich versuche, mich zu erinnern, ob die Kandelaber, die vor dem Theater stehen, vier- oder fünfflammig sind...

«Ich möchte wieder einmal ins Theater...»

«Ha», trumpft da mein inneres Stimmchen auf, «nun hab ich dich endlich erwischt. Du sehnst dich nach etwas, das du hier nicht haben kannst.»

«Ja», sage ich, «diesmal hast du recht.»

Aber dann erinnere ich mich, daß das Theater, das ich meine, gar nicht mehr existiert. Nicht, daß es irgendwie zerstört, verbrannt wäre. Abgerissen haben sie es. Und statt dessen ein neues aufgestellt, so aufregend modern mit seinem Foyer, das einer Metrostation in Paris ähnelt, daß ich bei meinem letzten Besuch in der Stadt nicht wagte, es zu betreten.

Und dann bin ich wieder ganz zufrieden mit meinem Radio

und dem Spinnrad. Ich höre die Musik, die mir gefällt, meine Gedanken gehen auf Reisen in die Vergangenheit, lassen die bunten Blumen der Phantasie blühen — und am Ende des dritten Aktes habe ich erst noch ein handfestes Knäuel Wolle gesponnen.

Wer, außer mir, kann das schon, wenn er ins Theater geht?

*

Eigentlich bin ich undankbar, wenn ich sage, daß ich nie ins Theater gehen kann. Denn auch im Acquaverdetal gibt es das. Die Vorstellung der Theatergruppe Briana ist einer der Höhepunkte unseres gesellschaftlichen Winterlebens.

Es würde sich sogar lohnen, eine Darbietung der Scala zu tauschen gegen diejenige in Briana. Sie ist so ganz anders:

Statt nach Plüsch und Parfüm riecht es ein bißchen nach Schafen und Ziegen, ein bißchen nach Kuhmist und ein bißchen nach Sägespänen. Ich selbst rieche schließlich auch nach Hühnern und Kaninchen.

Eines ist sicher: wenn die von Briana Theater spielen, kommt alles, was auf zwei Beinen gehen kann. Der scheue Herr Pfarrer ist da, der Wildhüter, der Sindaco (Gemeindepräsident), der Schreiner (er nestelt nervös an seinem Hörapparat). Unser Marino, der auch für die Sauberhaltung der Straße des Tals verantwortlich ist, kommt gleich in seinem orangeroten Arbeitsanzug. Sein Lastwagen mit dem vorgespannten Schneepflug steht draußen auf dem Platz.

Es kommen alle Frauen und Kinder des Dorfes. Das Kleinste kann noch kaum gehen und schläft im zweiten Akt ein, trotzdem es auf der Bühne wild zu- und hergeht.

Die Postina trägt auch für den Theaterbesuch ihre blaue Postschürze.

Der Saal, es ist der Gemeindesaal, scheint schon lange zum Platzen voll zu sein. Aber immer noch mehr Publikum drängt sich an der Türe. Man rutscht eben auf den rohen Bänken noch ein bißchen näher zusammen.

Von der Wand schaut der gütige Papst Johannes. Ich habe das Gefühl, daß auch er sich mit uns freut. Dann ist noch ein Bild da mit der Madonna und ihrem Kindlein, rührend naiv, in fröhlichen Farben gemalt. Es würde mich gar nicht wundern, wenn auch das Jesuskind so munter wie die Kinder im Saal auf Marias Schoß zu hopsen begänne.

Das Licht geht aus. Es wird mäuschenstill. Der Vorhang teilt sich, gibt den Blick in ein Wohnzimmer frei. Genau der Durchschnitt eines Wohnzimmers von Briana. Die gehäkelte Decke auf dem Sofa habe ich bei Frau Togni schon gesehen, den Wandbehang bei Pios Schwester. Der Teppich stammt aus der pfarrherrlichen Studierstube. Die Arbeit dieses Requisitenmeisters war nicht einfach!

Über die Handlung zu sprechen, wäre müßig. Es ist eine italienische Verwechslungskomödie, so urdrollig gespielt, mit gewolltem und ungewolltem Humor, daß man sich vor Lachen kaum halten kann.

Das Publikum applaudiert kaum, als sich der Vorhang zum letztenmal senkt. Alle sind enttäuscht, daß es nicht noch lange weitergeht. Aber er bleibt endgültig zu. Wir gehen heim. Zuerst über die von Marino sauber gepflügte Straße, dann durch die verschiedenen Fußweglein im tiefen Schnee in der blauen Winternacht mit hunderttausend Sternen.

*

Der zweite gesellschaftliche Höhepunkt des Winters ist die Fastnacht. Sie wurzelt hier tief in der Religion und ist auch heute noch ein Symbol, daß alle, Reiche und Arme, vor der Fastenzeit noch einmal so richtig schön satt werden.

Durch unser Tal kann man sich eine ganze Woche lang gratis durch(fr)essen. Jedes einzelne Dorf hat seinen «martedì grasso» — «fetten Dienstag» (entspricht dem «schmutzigen [Schmutz = Fett im Dialekt] Donnerstag» deutschsprachiger Gebiete) an einem andern Wochentag. So hat Briana am Samstag Dienstag, Roviso am Sonntag, in San Michele ist er am richtigen Dienstag. Den Rest des Fahrplans verrate ich nicht. Sonst gibt es in den kommenden Jahren zu viele Fremde.

Überall versammelt sich das ganze Dorf mit Kind und Kegel, Hund und Katzen um die auf dem Platz aufgestellten riesigen Kochtöpfe, aus denen ein betörendes Gerüchlein strömt. Für die Kranken darf man sich Risotto und Luganighe — ein stark gewürztes Schweinswürstchen — in Geschirren holen. Messer und Gabel muß man mitbringen.

Und dann stopft man sich also voll. Zum Dessert gibt es Mandarinen und Erdnüsse. «Nüsse trocknen den Wein auf.»

Stimmt. Ich hab's ausprobiert.

Nach dem Essen machen wir Gesellschaftsspiele. Solche, wo sich ein unschuldiges Opfer in eine Wasserschüssel setzt oder sich unbemerkt das Gesicht mit Ruß beschmiert.

Gegen halb drei Uhr hat sich der Platz schon geleert. Alle gehen wieder an die Arbeit. Auch ich kehre heim, denke über die verschiedenen Arten, Fastnacht zu feiern, nach. Hier ist es so, als ob man den Geburtstag einer lieben, alten Tante gefeiert hätte. Statt des Geburtstagskuchens gab es Geburtstagsrisotto.

Risotto ißt man nicht nur vor der Fastenzeit. Er ist während des ganzen Jahres eine ideale Speise bei Überfallbesuchen. Er wird in allen Haushalten beinahe gleich zubereitet. Das nachfolgende Rezept ist deshalb ein ganz allgemeines, gewöhnliches, aber auf der Nordseite der Alpen viel zu wenig bekanntes. Deshalb schreibe ich es hier auf:

Risotto (für vier Personen)

300 g italienischen Reis (Vialone, Arborio oder Originario, aber um Himmels willen keinen indischen Reis)
1 Eßlöffel Olivenöl, 1 Eßlöffel eingesottene Butter
1 große Zwiebel, 1—2 Knoblauchzehen
2 dl trockenen Weißwein
ca. 1 l Hühnerbouillon
1 Messerspitze Safran
100 g geriebenen Parmesan oder Sbrinz
2 Eßlöffel frische Butter
Salz, grob gemahlenen schwarzen Pfeffer

Zwiebel und Knoblauch feingehackt in Olivenöl/Butter andämpfen, Reis beigeben, dämpfen, mit Weißwein ablöschen, auf kleiner Flamme einkochen lassen. Dann kellenweise heiße Hühnerbouillon beigeben, fleißig rühren. Es muß ein sämiger Brei entstehen. Nach einer Viertelstunde Safran beigeben, drei Minuten weiterkochen, Käse darunter mischen. Das Gericht drei Minuten zugedeckt stehen lassen, Butter zugeben, Salz und Pfeffer nach Belieben.

Buon appetito!

Achtung: bei größeren Quantitäten verlängern sich die Kochzeiten.

Mit beinahe denselben Zutaten kann man noch einen Risotto zubereiten, der wiederum ganz anders schmeckt und zusammen mit Kopfsalat eine vollständige Mahlzeit bildet:

Risotto con funghi (Risotto mit Pilzen)

Anstelle des Weißweins herben Rotwein verwenden. Anstelle von Safran eine Handvoll getrocknete, kurz eingeweichte Steinpilze, die man gleich zu Beginn der gedämpften Zwiebel beigibt.

Übriges gleich wie das erste Rezept und — schmatzmampf!

Tessiner sind es nicht gewöhnt, Salat zu Risotto zu essen. War er aber mit nachfolgender einfacher Sauce angemacht, so waren auch verwöhnte Gourmets des Lobes voll:

Salatsauce

5 Eßlöffel Sonnenblumenöl

2 Eßlöffel guten Rotweinessig

2 Spritzer Maggiwürze

etwas Streuwürze

1 Kaffeelöffel Basilikum

1 Kaffeelöffel Thymian

Pfeffer

Die Gewürze entweder frisch aus dem Garten oder tiefgekühlt. Im letzteren Fall die Sauce vor dem Beigeben des Salats etwa zehn Minuten ziehen lassen.

Zum Tiefkühlen schneide ich die Gewürze fein, fülle sie in ein Marmeladeglas mit Schraubdeckel und stelle sie so ins Tiefkühlfach. Bei Bedarf wird mit einem Löffelchen das gewünschte Quantum losgekratzt.

*

Reis und alle Arten von Öl sowie Kaffee zählen zu jenen Lebensmitteln, die ich nie werde selbst produzieren können. Ich muß sie also einkaufen. Einkaufen gehen hat aber auch hier seine besonderen Reize.

Vor ein paar wenigen Jahren noch hatte jedes Dorf einen oder gar mehrere Spezereiläden. Heute sind sie bis auf den von Rina in Roviso nicht mehr. Wir müssen unsern Bedarf beim fahrenden Selbstbedienungsladen decken, der einmal in der Woche ins Tal kommt.

Seitdem ich Froda kenne — und das sind nun schon viele Jahre — fährt immer derselbe Verkäufer den Wagen. Früher, als ich nur für Urlaube hier war, schüttelte er mir jedesmal herzlich die Hand und hieß mich willkommen.

Heute gehöre ich zum Inventar des Dorfes. Ich stehe mit den andern Hausfrauen am Straßenrand und warte, bis der Wagen anfährt. Wir dürfen hinten einsteigen und schieben uns langsam nach vorn, indem wir rechts und links von den Regalen nehmen, was wir brauchen. Das Fräulein mit der Kasse sitzt beim Steuerrad.

«Gibt es heute keine Orangen?» fragt jemand, der schon bei der Kasse angelangt ist.

«Doch, doch», sagt das Fräulein. «Sie sind ganz hinten beim Eingang.» Sie hebt ihre Stimme und bittet Lydia, die soeben den Wagen betritt, ein Säckchen Orangen zu ihr nach vorne zu werfen. Dieses fliegt an den verschiedenen Köpfen vorbei und wird geschickt aufgefangen. Ähnliches geschieht erneut mit einem Fläschchen Abwaschmittel und einer Tube Handcrème.

Besser ist's, auf seinen Kopf aufzupassen, wenn einer fragt, wo sich die Zweikilodosen mit Zwetschgenkonfitüre befinden.

Vor Weihnachten kaufe ich zuviel ein, habe zu wenig Geld und will einen Teil der Dinge in meinem Korb wieder in die Regale zurücklegen.

«Behalten Sie es», sagt das Fräulein an der Kasse. «Ich bezahle es für Sie aus meiner Tasche. Sie können es mir nächstes Mal zurückgeben.»

Das Fräulein weiß nicht, wie ich heiße, tut es einfach, weil sie jeden der Kunden wenigstens vom Sehen kennt.

*

Bares Geld brauche ich hier sehr wenig, denn hier blüht immer noch der Tauschhandel.

Dank meiner winterlichen Schafhirt-Tätigkeit konnte ich ein neues Beispiel meiner diversen Tauschhandel notieren. Diese amüsante Liste enthält zum Beispiel:

— Schafwolle gegen Hirtenarbeit
— Kaninchen gegen Forellen
— ein Kaninchen und zehn Eier gegen das Ausfüllen meiner Steuererklärung
— eine Kaninchenmama mit Kindern gegen den Setzlingsbedarf meines großen Gartens
— Himbeeren gegen ein Schafgigot
— Eier gegen das Zusammenfalten und Bügeln einer Monatswäsche
— Aufzucht von fünf Trutenküken gegen neun derselben
— Erdbeeren gegen Salami
— ein Allerseelen-Blumenstrauß für Marias Grab gegen Bienenhonig

Bald kommt noch dazu:

— Hühnermist gegen die Reinschrift dieses Manuskripts.

Und daß ich es nicht vergesse: auch Fiorentes Spinn-Stunden wurden im Tauschhandel bezahlt. Ich half ihr so viele Tage heuen, wie sie mir Unterricht gegeben hatte.

Einer der lustigsten Hin- und Her-Handel war derjenige mit den Eiern für Locarno. Das kam so:

Die Güte der Eier meiner Hühner wurde unter meinen Freunden in Locarno mehr und mehr bekannt. Jeder meiner Kunden hatte wiederum mindestens einen Freund, der auch Eier aus meiner «Farm» zu kaufen wünschte. Sie kamen zu mir, beinahe mit Empfehlungsschreiben, und fragten, ob sie wohl auch wöchentlich zehn, zwanzig, dreißig Eier kaufen dürften...

Aber mein Platz ist beschränkt. Meine Hühner sollen nie zusammengepfercht werden. Andererseits war es aber doch so, daß die übrigen Hühnerhalter im Dorf ihre Tiere zum Teil überhaupt frei laufen ließen und ihnen bestimmt nichts Schlechteres zu fressen gaben, als ich den meinen.

So erkundigte ich mich denn, ob Emilia, ob Teresita, ob Gualtiero auch mitmachen wollten. Direktverkauf an Private. Es stellte sich heraus, daß der Preis, den ich erzielte, viel höher war als derjenige, den sie erhielten, wenn sie ihre überzähligen Eier an den Gemüsehändler ablieferten, der wöchentlich durchs Tal fährt.

Ich erstellte eine lange Kundenliste, sammelte jeden Montag morgen ab sechs Uhr die Eier im Dorf, verpackte sie und legte sie, fein säuberlich mit Lieferschein versehen, ins Auto meines Nachbarn Leo. Leo arbeitet in Locarno und führt unsere Eiertransporte durch. Bezahlung seiner Arbeit: selbstverständlich mit Eiern!

Einmal monatlich verteile ich das eingenommene Geld. Ganz schöne Beträge kommen da zusammen. Es gibt nichts Vergnüglicheres, als in einem Dorf wie Froda Zahltagstournée zu machen. Ich bin überall sehr herzlich willkommen. Unter einem Glas Nostrano oder einem Gläschen Ratafià (ein Likör, den man mit unreifen Walnüssen und Grappa fabriziert) geht's nicht ab. Böse Mäuler behaupten, ich schwanke jeweils ein bißchen, wenn ich von meiner Zahltagsreise heimkehre. Aber, ich schwöre es, es ist die Brücke, die schwankt, nicht ich!

Meine Kollegen der Eiergenossenschaft schienen sich nun ihrerseits die Köpfe zu zerbrechen, wie sie sich für den höheren Eierpreis und meine gratis geleistete Arbeit erkenntlich zeigen könnten.

Marinos Glanzidee war es, mir den Ertrag seiner Wiesen anzubieten. Er besitzt wohl Land, aber keine Tiere außer Hühnern. Bis jetzt erntete er das Heu und verkaufte es dann. Nun mähte er bloß das Gras und ließ mich das Heu ernten. Mähen sei sein Hobby. Wie gerne sagte ich ja. Marino war so nett, daß er sich meiner einige Male erbarmte und eine gar zu schwere Heubürde auch noch in den Stall trug.

Gualtiero, der von Beruf Drechsler ist, bastelte mir zu einem Extra-Spezialpreis ein Spinnrad mit elektrischem Antrieb.

Und all dies wegen ein paar nach Locarno verkauften Eiern.

Emilia schenkte mir eine *«Torta di pane»* — Brottorte. Die war so gut, daß ich mir auch das Rezept dazu geben lassen wollte. Aber es gibt keines. Torta di pane ist ein Handgelenk- oder Man-nimmt-was-man-hat-Kuchen. Standardzutaten sind einzig altbackenes Brot, Milch, Zucker, Kakao, Eier und Amaretti, ein Bittermandelgebäck. Meine nachfolgenden Angaben sind also nichts anderes als eine Anregung, wie man es machen kann:

Man nimmt altbackenes Brot und soviel Milch, daß man mit ihr das Brot einweichen kann. Die Milch kocht man mit viel Kakaopulver auf, süßt sie nach Belieben und gießt das Ganze über das Brot. Etwa eine Stunde lang ziehen lassen.

Ein paar Amaretti zerbröseln und ebenfalls beigeben. Das Ganze mit einer Gabel zu Brei zerdrücken oder durchs Passiersieb drehen. Es muß ein möglichst dickes Mus entstehen. Eigelb beifügen, Orangeat, Zitronat, abgeriebene Orangen- und Zitronenschale, gehackte Nüsse, am originalsten sind Pinienkerne, es geht aber auch mit Haselnüssen, Walnüssen oder Mandeln. Rosinen, am besten solche, die in Rum oder Grappa eingelegt waren.

Den Teig nochmals ruhen lassen, Eierschnee darunter ziehen. Etwa drei Zentimeter hoch in ein gefettetes und mit Zucker bestreutes Kuchenblech geben, mit Zucker und Pinienkernen bestreuen, bei Mittelhitze so lange backen, bis eine eingestochene Gabel trocken bleibt.

Die Torte kann nicht mißlingen, wenn man darauf achtet, daß nicht zuviel Milch zum Einweichen verwendet wird.

Das Lob, das ich für meine Torten ernte, ist auch ein Teil meines Verdienstes als Organisatorin der «Eiergenossenschaft Froda Valle».

Zumindest hier in Froda ist es so, daß «Einander etwas zuliebe tun» wie ein Schneeball wirkt. Möglicherweise hängt dies mit der Kleinheit des Dorfes zusammen, wo jeder jeden kennt, vielleicht auch damit, daß der Charakter der Menschen der Alpensüdseite offener, spontaner und empfänglicher ist und ich dies als «Eine aus dem Norden» um so mehr schätze.

*

Froda ist ein Ort der Beschaulichkeit. Das ausgeprägteste Symbol dafür sind unsere Kirchenglocken.

Sie haben keinen elektrischen Motor. Sollen sie läuten,

muß einer hingehen und am Strang ziehen. Marino, unser Glöckner, läutet seine Glocken sozusagen aus Leidenschaft. Ich weiß nicht, wieviel er für sein Amt bezahlt bekommt. Es wird wenig genug sein. Aber unsere Glocken bimmeln täglich, im Sommer wie im tiefsten Winter, am Morgen früh um null sechs null null Uhr. Zur Winterszeit sind es meist weniger als dreißig Personen, die hier wohnen. Ihretwegen also steht Marino in aller Herrgottsfrühe auf. Dabei ist zu sagen, daß er nicht etwa neben der Kirche wohnt, sondern gute zehn Minuten davon entfernt. Weckt mich das Ding-Dong, dann stehe ich williger auf. Ich denke daran, daß Marino noch viel früher aus den Federn mußte, bloß um mir kundzutun, daß es sechs Uhr sei.

Die Kirchenuhr ist widerspenstig. So wie die meisten Kirchenuhren des Tals. Marino muß täglich die schweren Gewichte — es sind Steine — hochziehen. Aber bloß während zwei, drei Wochen im Jahr. Meist zum Tag der heiligen Anna wird die Uhr repariert. Wenn die Schutzheilige des Dorfes ihren Geburtstag hat, muß auch die Uhr gehen. Aber bald darauf streikt sie wieder — zu Marinos großem Kummer. Und ich muß die Zeit wiederum an zwei andern Uhren ablesen: da ist einmal der Postbus, dessen Fahrplan ich auswendig kenne, und dann die Sonne. In einem engen Tal weiß jeder die Zeit auf fünf Minuten genau, wenn er sich den Sonnenstand ansieht.

Ich habe meine Papiere bei der Einwohnergemeinde von Froda Valle hinterlegt. Ich bezahle meine Steuern hier — bin vollwertige Einwohnerin der Gemeinde.

Den Gemeindepräsidenten sehen wir selten. Er wohnt in Froda Piano, etwa dreißig Kilometer von hier entfernt, und kommt bloß jedes Wochenende — oder wenn politische

Wahlen und Abstimmungen stattfinden und er das Wahlbüro während des Gottesdienstes betreut. Bei einer solchen Gelegenheit sagte ich ihm, daß ich jederzeit zur Verfügung stehe, wenn er für mich eine gemeindenützliche Aufgabe habe.

Bald darauf finde ich in der Morgenpost neben den üblichen zwei, drei Leserbriefen und Rechnungen zwei Schreiben der Gemeinde.

Im einen wird mir mitgeteilt, daß ich — einmal tief atmen, bitte — zum Waldbrandgardevizefeuerwehrkommandanten von Froda Valle ernannt worden bin. Weshalb mir ausgerechnet diese Ehre zuteil wurde, erklärt mir Emilia ein paar Tage später.

«Gescheit haben die das gemacht, daß sie dir dieses Amt übertrugen. Du bist meist zu Hause, du übersiehst einen großen Teil des Dorfes, und du hast einen Feuerlöscher.»

Einen Tessiner Waldbrand habe ich mitgemacht. Nicht hier. Auf dem Monte Valdo. Wenn ich denke, was dort geschehen wäre, hätten wir keinen Feuerlöscher gehabt!

Hätte ich an zuständiger Stelle etwas zu sagen, ich würde sämtliche Gehöfte des Tessins mit verbilligt abzugebenden Löschgeräten ausrüsten. Wenn man irgendwo verdächtigen Rauch sieht, rast man ja doch. Aber viel wirksamer ist es, mit einem Feuerlöscher zu rasen, anstatt bloß mit Rechen, Schaufeln und Eimern!

In Ausübung meines obigen, höchst wichtigen Amtes bin ich allein diese Woche schon zweimal gerast. Einmal mit dem Feuerlöscher, das zweitemal ohne, weil ich ihn von der Nachfüllstation noch nicht zurück erhalten hatte.

Wenn das so weitergeht, werde ich in etlichen Jahren ein Buch mit Feuerlöschgeschichtlein aus dem Acquaverdetal veröffentlichen. Die beiden ersten folgen hier. Ich werde sie nachträglich in die Reinschrift des Manuskripts einfügen müssen, denn sie geschahen erst in den letzten Tagen, sind im wahrsten Sinne des Wortes brandneu.

Zum genauern Verständnis der Sache muß erklärt werden, daß die Talstraße tagsüber gesperrt ist. Wir bekommen eine neue Wasserleitung. Die Röhren werden der Straße entlang verlegt, und momentan ist das Teilstück Briana—Froda dran. Wer talwärts muß, darf dies bis um sieben Uhr dreißig. Wer heimwärts will, muß bis um fünf Uhr warten. Die übrigen Mitglieder der Waldbrandgarde arbeiten auswärts. Ich bin also ganz allein und fühle mich entsetzlich verantwortlich, als ein verzweifelter Telefonanruf kommt, eine Wiese und der Waldsaum einer etwas oberhalb des Dorfkerns gelegenen Siedlung brenne lichterloh.

Ich packe meinen Feuerlöscher, eine Schaufel, einen Rechen und ein paar Eimer, rase zum Auto, alarmiere meine Freunde Ketti und Pitt, die glücklicherweise gerade hier im Urlaub sind.

Schade, daß mein gelbes Wägelchen nicht rot ist und keine Feuerwehrsirene besitzt. Ich wäre mir dann noch wichtiger vorgekommen, als mir ohnehin zumute war.

Die Wiese brennt weiß Gott lichterloh. Die Flammen sind halbmeterhoch. Wir rennen, versuchen den Feuerlöscher in Funktion zu setzen.

«Pfft», sagt der. Und das ist alles.

«Vor Gebrauch schütteln», empfiehlt Pitt stoisch.

Ketti steht mit weit aufgerissenen Augen dabei. Ich glaube, sie wünscht mich ins Pfefferland. Da saßen die zwei gemütlich beim Kaminfeuer, hörten sich Mozarts Konzert für Flöte und Harfe an, genossen die ländliche Ruhe. Dann kommt so ein dringender Hilfeschrei und jagt einen in die Kälte. Eisig kalt ist es. Der Nordföhn wütet, wie ich ihn noch selten erlebt habe. Er bläst die Flammen vor sich hin, gegen die Wohnhäuser zu, und der verdammte Feuerlöscher weiß nichts anderes von sich zu geben als dieses einzige Häuchlein.

Wir schütteln ihn gemeinsam. Die Flammen züngeln. Ketti ballt aus einigen Altschneeresten Klumpen und wirft sie ins Feuer.

Endlich, gottlob, ist die Panne behoben. Mit ein paar Stößen aus dem Löschgerät können wir die ärgsten Flammenherde vernichten. Durch die Rauchschwaden sehen wir nun auch einen Mann, der mit einem Gartenrechen anscheinend das Feuer zu dirigieren versucht. Er lächelt seltsam. Viel hätte der ohne unsere Hilfe nicht ausgerichtet. Das stellen wir gemeinsam nicht ohne Stolz fest.

Mit unseren primitiven Werkzeugen, mit Schnee, mit den Füßen treten wir die Flammen im glimmenden, trockenen Gras aus. Schließlich ist der Brand unter Kontrolle. Nach meinem Ermessen sind die Häuser nicht mehr in Gefahr.

Wir sind voller Ruß und stinken wie geräucherte Würste, finden, wir hätten nun eigentlich einen Drink bei der Dame, die den Alarm durchgab, redlich verdient. Sie steht auf ihrer Terrasse und schaut uns mit dem Fernglas zu.

Wir sind aber zu scheu, um bei ihr vorzusprechen und verziehen uns in mein Haus. Wir prosten uns zu, als das Telefon läutet. Die Alarm-Frau entschuldigt sich wegen der mir verursachten Arbeit. Wie es sich jetzt herausgestellt habe, wurde vom Mann mit dem Rechen, den wir im Rauch antrafen, das Feuer gelegt, um die Wiese zu reinigen! Und er habe es jetzt von neuem entfacht!!

Mein Feuerwehrvizekommandantenstolz zerschmilzt wie die Flammen unter einem Feuerlöscher, der funktioniert. Ketti und Pitt werden es erst erfahren, falls sie dieses Buch lesen.

Dies ist das erste Geschichtlein. Das zweite ereignete sich zwei Tage später.

Diesmal war es Emilia, die mich auf ein Feuer aufmerksam machte. Abends um halb neun.

«Geh du zu denen und sag ihnen, daß man im Tessin im Freien kein Feuer machen darf. Die verstehen doch nicht italienisch — und überdies ist dies dein Amt.»

Das Feuer brannte auf einem baumbestandenen Inselchen im Fluß. Ich konnte es infolge des niedrigen Wasserstandes trockenen Fußes betreten. Es war eiskalt. Der Nordföhn tobte immer noch. Was geschah, wenn ein neues Feuer ausbrach und ich nicht einmal mehr einen Feuerlöscher hatte?

«Guten Abend», sagte ich in Richtung des Feuers, obwohl ich in der Dunkelheit niemanden sah. Zweistimmig erhielt ich zögernde Antwort.

«Ich bin vom Dorf geschickt», sagte ich, «weil man hier nicht Feuer machen und übrigens auch nicht kampieren darf.»

«Wir kampieren nicht», sagten die beiden jungen Burschen, die jetzt näher zum Feuer gekommen waren. «Wir haben keine Zelte, bloß Schlafsäcke.»

Da saß ich nun schön in der Klemme. Frühmorgens, das wußte ich, weil die Trinkgeschirre der Tiere immer dick mit Eis bedeckt waren, war es jeweils etliche Grade unter Null. Ich konnte den beiden doch nicht verbieten, das Feuer zu unterhalten.

Was aber, wenn das Feuer um sich griff im trockenen Gras

und ich nicht einmal mehr mit dem Löscher helfen konnte?

Es gab nur eine einzige Lösung.

«Hier ist es zu kalt, um zu übernachten. Ich darf euch nicht erlauben, das Feuer zu unterhalten. Aber ich schlage vor, daß ihr in mein Haus kommt. Ich wohne dort oben, wo das Licht brennt. Im Wohnzimmer gibt es zwei Schlafdivans und einen Ölofen.»

Eilig schütteten sie Wasser über ihr Lagerfeuer, nahmen ihre Schlafsäcke und folgten mir.

«Ich bin der Jürg», sagte der eine, als sie hinter dem Licht meiner Taschenlampe hergingen.

«Und ich der Philip», der andere.

«Und ich die Kathrin», ergänzte ich die allgemeine Vorstellung.

«Wohnst du immer hier oben und so einsam?»

«Ja», sage ich — und beantworte, während wir über mein steiniges Weglein stolpern, die Fragen, die ich längst gewöhnt bin. Ich lache auf den Stockzähnen. Würden die beiden mich wohl auch duzen, wenn sie mein graues Haar gesehen hätten?

Am andern Morgen kam Jürg zu mir in die Küche, als ich das Tierfutter rüstete.

«Meine Mutter hat ein Buch von einer Frau, die hier irgendwo ganz allein lebt. Mit vielen Tieren und so. Mir scheint, das könntest du sein.»

Nehmt es mir nicht übel, liebe Alle, daß mich Jürgs Worte stolz machten.

Jürg und Philip zogen weiter und wissen jetzt also genau, wo ich wohne. Hoffentlich verraten sie es niemandem.

*

Das zweite Gemeindeamt, das mir übertragen wird, braucht nochmals einen tiefen Atemzug: Wahllokal- und Stimmlistensekretärin. Bei jeder hintersten und letzten Abstimmung erhalte ich die freundliche Aufforderung der Gemeindebehörden, das Wahl- und Stimmbüro zu hüten und eine Liste derjenigen anzufertigen, die von ihren bürgerlichen Rechten Gebrauch machen.

Ich habe es noch nie erlebt, daß im ganzen mehr als zwanzig Personen kamen, um ihre Stimme für oder gegen etwas oder jemanden abzugeben. Aber wir müssen am Freitag abend von fünf bis sieben und am Sonntag morgen von neun bis zwölf unser Büro offenhalten.

Meist nehme ich meine Strickarbeit mit, um mir die Zeit zu vertreiben. Letzthin allerdings habe ich eine derart beschauliche Lektüre entdeckt, daß meine Arbeit um keine einzige Masche weitergedieh: das Amtsblatt des Kantons Tessin, das allwöchentlich neu erscheint.

Einer, der Phantasie hat, kann sich buchstäblich stundenlang damit unterhalten. Bei der letzten Abstimmung geschah es, daß ich das Wahlbüro versehentlich am Freitag bis abends um acht Uhr offen hielt, weil ich derart in amtliche Mitteilungen und die Schicksale, die sich dahinter verbergen, vertieft war.

Da ist zum Beispiel ein Ort mit zweitausendeinhundert Einwohnern, der dringend einen praktischen Arzt sucht. (Was machen die armen Leute jetzt, wenn sie ärztliche Hilfe nötig haben?)

Eine andere Gemeinde verbietet das Sammeln von Mineralien auf ihrem Gebiet. (Welche Mineralien gibt es wohl dort?)

Viele, viel zu viele Alpen in allen Tälern wären zu vermieten. (Welche Möglichkeiten liegen hier überall brach!)

Sparbüchlein werden vermißt. (Wie kann man ein Sparbüchlein einfach so verlieren?)

Immer wieder stehen da Verschollenheitserklärungen von solchen, die vor vielen Jahren nach Übersee ausgewandert sind. Ihren Schicksalen nachzuforschen, wäre ein Lebenswerk.

Dann werden namentlich diejenigen aufgeführt, deren Geld- in Haftstrafen umgewandelt werden. Ein Tag Haft entspricht zirka vierzig Franken Buße.

Jemand teilt mit, daß sich in seiner Herde ein fremdes Schaf befindet. Mit einem grünen Punkt auf dem Kreuz und einem Schnittchen hinten links im Ohr. Der Besitzer möge sich gefl. melden.

Dann die Gantanzeigen! Hinter jeder eine traurige Konkurs- oder Schulden-Geschichte. Sie sich auszumalen wären Schreibstoffe. Gleich haufenweise. Falls ich je zu dem Punkt komme, wo ich nichts mehr zu berichten weiß, werde ich mir das «Foglio Ufficiale della Repubblica e Cantone del Ticino» vornehmen.

Die politisch eifrigste Stimmbürgerin unseres Dorfes ist Olga. Ich habe während meiner Stimmlokal-Hütestunden im Einwohnerverzeichnis nachgeschaut, wie alt sie ist, darf es aber nicht verraten, sonst ist sie mir sehr böse. Aber sie ist alt, sehr alt. Und enorm lebhaft und aufgeschlossen. Sie wohnt seit ein paar Jahren in Froda, hat — obwohl sie ihr halbes Leben im Tessin verbrachte — einen derart ausgeprägten Akzent in ihrem Italienisch, daß man sofort hört, aus welchem Deutschschweizer Kanton sie stammt.

Olga hat wache, eichhörnchenflinke, dunkle Augen. Ebenso flinke Bewegungen, ein entsprechendes Mundwerk. Und wir alle haben sie gern.

Sie wohnt allein in einem an der Straße gelegenen Haus talaufwärts. Bis vor kurzem hatte sie nicht einmal ein Telefon. Ich glaube, daß alle von Froda auf Olga achten, wenn sie an ihrem Haus vorbeifahren. Genau so, wie Emilia auf mich schaut.

Kürzlich nun war die Abstimmung über eine Initiative der Partei, welcher Olga angehört. Es muß gesagt sein, einer Partei, die im Tessin herzlich wenige Anhänger hat.

Unsere Olga stand vor dem Wahlbüro, empfahl jedem, der eintrat, «Ja» zu stimmen, zum Wohle des Vaterlandes. Olga mit ihren vierundachtzig Jahren (uff, jetzt habe ich es doch verraten!) demonstrierte auf dem Gemeindeplatz von Froda!

Ich saß im Büro und versuchte, mir vorzustellen, was geschähe, wenn eine Tessinerin in irgend einem kleinen Ort der deutschen Schweiz dasselbe täte. Nicht auszudenken war es, mit aller Phantasie nicht. Aber ich konnte immerhin beobachten, was die Leute von Froda in einem solchen Fall tun:

«Geh heim», sagte Emilia, «in deinem Alter hat man doch andere Probleme.»

«Gut, gut», sagt Gualtiero beschwichtigend. «Ich werde so stimmen, wie du es gerne möchtest.»

Und zu mir sagt er: «Es wäre besser, 'Ja' zu stimmen, bloß damit sich die Olga nicht zu sehr aufregt. Sonst trifft sie der Schlag, und wir haben ein Original weniger.»

Gualtiero wirft seinen Stimmzettel in die Urne. Ich notiere seinen Namen:

«Wähler Nr. 14: Frolli Gualtiero fu Clemente, Froda Valle», und bin scheußlich neugierig, ob er jetzt «Ja» oder «Nein» gestimmt hat. Eine Stimmlistensekretärin aber hat nicht neugierig zu sein, bloß ihre Liste vorschriftsgemäß an-

K. G. 76

zufertigen. Aber die Leute von Froda gern haben — das darf sie, ob die es wollen und wissen oder nicht.

*

Die Leute von Froda. Keiner glaube, daß hier nur Engel hausen. Es gibt solche, die sehr offen zugeben, daß sie diesen oder jene nicht mögen, über einander schimpfen. Ich bin als neutrale Person sozusagen der Seelenmistkübel der verschiedenen Parteien, nehme die einzelnen Meinungen zur Kenntnis, aber ich gebe sie nicht weiter.

Bösartig aber ist keiner.

Einer allerdings, der ging mir hie und da gewaltig auf die Nerven: Michele, Marinos jüngster Sohn. Jetzt ist er etwa zwanzig Jahre alt. Ein paar Jahre lang malträtierte er die Ohren und Nasen sämtlicher Einwohner von Froda, indem er hundertmal mit Vollgas auf seinem Motorfahrrad die Straße auf- und abpfupfte.

Später waren es irgendwelche Sportwagen, mit denen er dasselbe Spiel spielte. Wenn er des Fahrens müde war, öffnete er die Motorhaube und ließ die Motoren seiner jeweiligen Boliden im Stand heulen, daß man glaubte, die Dächer von Froda müßten darüber einstürzen. Um seiner übrigen Lebensfreude Ausdruck zu geben, johlte er auf dem Heimweg so vergnügt und lautstark, daß Emilia und Gualtiero und Ettore zornbebend die Fenster zuschmetterten, wenn er an ihren Häusern vorbeiging.

«Ich weiß nicht, was in den Jungen gefahren ist», sagte Marino mit traurigem Augenaufschlag, wenn man bei ihm reklamierte. «Er ist doch zu alt, um noch verprügelt zu werden.»

Heute freue ich mich, wenn ich Michele lärmen höre. Er hat mir damit einen unbezahlbaren Dienst erwiesen.

Das kam so:

Ich fühlte mich in meinem abgelegenen Häuslein so sicher und geborgen, war so überzeugt, daß es jedermann zu mühsam sei, mich mit unehrlichen Absichten, so weit von der Straße weg, aufzusuchen, daß ich tagsüber niemals eine Türe schloß. Weder den Eingang ins Wohnzimmer noch die hintere Haustüre. Ging ich schlafen, dann schloß ich meist. Aber auch nicht immer.

Es war im Dezember. Es war kalt, aber es lag noch kein Schnee. Der Weg zu mir war jedoch sehr vereist. Ich saß abends gegen neun Uhr am Spinnrad und hatte das Radio eingeschaltet. Plötzlich knurrten meine Katzen. Worauf Bona wie rasend zu bellen begann. Ich hörte, daß sich die hintere Haustüre öffnete. Mir stockte der Atem. Es klopfte an die hintere Zimmertür, die sich gleich darauf öffnete.

Ein jüngerer Mann stand da. Keiner aus Froda. Aber ich kannte ihn vom Sehen. Massig wie ein Schrank, mit Bergschuhen, derben Kleidern, einem runden Gesicht und seltsam glitzernden blauen Augen. Unter dem Arm hatte er fünf Flaschen Wein, in der Hand eine Tüte. Das sah nicht unbedingt gefährlich aus. Ich hoffte, daß er meinen Schrecken nicht bemerkt hatte.

«Guten Abend», sagte er freundlich.

Ich: «Buona sera, was wünschen Sie?»

«Oh, ich wollte Sie bloß mal besuchen. Ecco vino, pane e formaggio — hier sind Wein, Brot und Käse.»

Ich holte einen Korkenzieher, zwei Boccalini, zwei Teller und zwei Messer. Was hätte ich denn schon anderes tun sollen?

Er öffnete die Flasche und füllte die beiden Trinkgefäße randvoll. Er wollte mir unbedingt eine Zigarette aufdrängen — aber ich rauche nicht. Und ich mag es nicht, wenn man mir etwas aufdrängen will. Und ich mag es auch nicht, wenn man den Wein randvoll einschenkt.

Bona stand knurrend neben dem Mann, der sich am Tisch niedergelassen hatte. Ihr Rückenfell war gesträubt.

Die Konversation war höchst mühsam, drehte sich um Hunde und Kaninchen. Der Mann leerte sein Boccalino. Ich nippte an meinem. Er füllte beide wieder nach, war beleidigt, daß ich nicht mehr trank.

«Was mach ich bloß mit dem Kerl? Und was will er denn?»

Ich erhebe mich, gehe in die Küche, um besser nachzudenken, kehre zurück mit sauren Gurken und Kümmel. Da steht der Mann mitten im Zimmer, halb ausgezogen.
Uff, ein Exhibitionist!

Ich schlucke leer, übersehe seine Blöße, schaue durchs Fenster, sage:

«Ich glaube, da kommt mein Bruder. Ich erwarte ihn nämlich.»

Der Mann schaut auch. Zum Glück bewegt sich tatsächlich ein Lichtlein bei der Brücke. Er schenkt sich ein weiteres Boccalino ein. Wie soll ich das verhindern? Er hat ja den Wein schließlich mitgebracht. Wiederum läßt er sich am Tisch nieder.

Er versucht aufzustehen, sitzt gleich wieder.

«Es geht nicht! Ich bin besoffen.» Er schenkt sich den Rest der Flasche ein.

«Es ist besser, wenn Sie jetzt gehen», sage ich möglichst ruhig.

«Er zieht sich an, wankt zur Türe, stolpert über den Teppich und fällt die ganze Treppe hinunter.

Mein inneres Stimmchen meldet sich. Heute noch bin ich wütend, wenn ich denke, was ich mir seinetwegen einbrockte. Es sagt nämlich:

«Wenn der dumme Teufel auf dem eisigen Weg ausgleitet, sich ein Bein bricht, morgen früh tiefgekühlt gefunden wird, wie fühlst du dich dann?»

Er rappelt sich fluchend zusammen.

«Ich begleite Sie bis zum Wagen», sage ich schon. «Der Weg ist sehr eisig, und ich habe hier eine Taschenlampe.»

Da mache ich einen weiteren Fehler. Ich bin derart durcheinander, daß ich nicht meine Gummistiefel mit den dicken Profilsohlen anziehe, sondern in meinen Pantoffeln über den Weg schliddere. Ich leuchte. Er folgt mir wie ein schnaufender Bär, fällt zwei-, dreimal um. Ich beherrsche mich. Ich muß kühles Blut bewahren, sonst...

Was sonst? Lieber nicht dran denken.

Sogar auf dem schmalen Hängebrücklein bringt er es fertig, umzufallen. Da brülle ich ihn an:

«Sie Idiot, so halten Sie sich doch!»

Im Schein der Straßenlaterne am Brückenende sehe ich, daß seine Augen bösartig aufleuchten.

«Ich frag mich bloß, wo dein Bruder geblieben ist. Angelogen hast du mich, jawohl.»

«Kommen Sie, seien Sie friedlich. Ich leuchte Ihnen bis zum Wagen.»

Er folgt mir tatsächlich, nestelt in seiner Tasche herum, bringt einen Schlüssel zum Vorschein und öffnet die Autotüre.

Hätte ich die Nerven gehabt, noch eine einzige halbe

Minute ruhig auszuharren, ihm womöglich freundlich nachzuwinken und ihn dann eben mit seinen drei oder noch mehr Promille talwärts fahren zu lassen, die Geschichte wäre glimpflicher abgelaufen.

Aber ich hatte sie nicht.

Die Angst überfiel mich. Eine panische, instinktive Ur-Angst. Die Angst, die Katzen auf die Bäume fliehen läßt. Nur daß ich leider keine Katze bin.

Ich drehte mich um und raste über die Brücke. Als ich beim Mittelpfeiler angelangt war, merkte ich am Schwanken, daß er mir folgte.

Ich rechnete mit seiner Betrunkenheit. Am Brückenende verlor ich meine Pantoffeln und raste in den Strümpfen weiter, bergaufwärts. Er keuchte hinter mir her. Er hatte es leichter mit seinen Bergschuhen. Ich glitt aus, fiel, rappelte mich wieder auf, fiel wiederum, rannte irgendwie weiter, verlor auch noch die Strümpfe. Barfuß auf einem steinigen, vereisten Weg bergaufwärts um sein Leben zu rennen — ich wünsche es niemandem.

Dort, wo der Haselwald beginnt, erwischte er mich am Kragen. Ich stürzte. Er warf sich auf mich. Wir rollten bergab bis zum Fluß. Ich biß, kratzte und boxte gegen einen Eisberg.

Der Moment, wo wir ins Wasser fielen, schien meine Rettung zu sein. Ich hatte es vorausgesehen, für ihn kam es unerwartet. Ich entschlüpfte ihm und rannte wieder bergaufwärts. Ich dumme Gans! Wäre ich doch zu Marinos Familie geflohen! Ich hätte bloß die Brücke überqueren und noch ein paar Schritte rennen müssen. Dann wäre ich in Sicherheit gewesen.

Man muß es selbst erlebt haben, wie gräßlich es ist, von

einem Teufel gehetzt bergaufwärts zu rennen. Ich wollte zu meinen Lichtern, zu Bona, in mein Haus.

Beinahe hätte ich es geschafft. Ich hastete ins Wohnzimmer, verriegelte die Türe. Aber für die hintere Türe des Raumes steckte der Schlüssel im äußeren Schloß. Es gelang mir noch, ihn abzuziehen. Dann war das Ungeheuer wieder da. Grinsend, schnaufend. Er blutete aus einer Wunde unterhalb des rechten Auges, das Wasser troff von seinen Kleidern, seine Haare standen zu Berge. Und wie er grinste!

«Hab ich dich doch erwischt, mein Täubchen. Und das mit dem Bruder war eine nackte, dumme Lüge. Nun aber dalli-dalli.»

«Lassen sie mich los, ich schreie», keuchte ich.

«Was denn, was denn? Schrei du ruhig. Hier hört dich kein Mensch.»

Dracula, Frankenstein, die Herren Hitchcock und Polanski, sämtliche, die sich mit Gruselindustrie beschäftigen, alle hätten ihre reine Freude an der Szene gehabt. Bloß ich nicht.

Wir kämpften miteinander. Die Gewißheit, daß er betrunken war, gab mir Riesenkräfte. Die Angst und die Wut verdoppelten sie.

Wie ich es schaffte, ihn schließlich aus dem Zimmer zu drängen, die Türe zuzuhalten — zweimal öffnete er sie wieder und stellte seinen Schuh dazwischen — den Schlüssel aus der Tasche zu ziehen, einzustecken und — endlich — umzudrehen...

Ich weiß es auch heute noch nicht.

Mit zitternden Fingern drehte ich Marinos Telefonnummer. Teresita meldete sich. Ich erklärte ihr den Vorfall.

«Sei ruhig», sagte sie, «Marino und Michele kommen sofort.»

Das Ungeheuer trommelte an der Türe, heulte, schrie.

Und noch jemand schrie und johlte: Michele!

Morgen würden alle Leute von Froda ihn schelten. Für mich war sein Geschrei Engelsgesang, Hosianna, Halleluja.

Der Mann vor meiner Tür hörte offenbar den Lärm auch. Er stolperte, fiel nochmals. Ich vernahm ein paar Flüche, dann das Kreischen der Gartentüre, ein paar weitere Flüche. Er war an der Rose hängen geblieben. Und dann war alles still. Ein paar Minuten später hörte ich das Aufheulen eines Motors, gleich darauf Micheles Gejohle, ein weiterer Motor sprang an... Der Spuk war vorbei.

Ein paar Tage lang war alles still. Ich hatte den Übeltäter bei der Polizei angezeigt.

«Wir kennen ihn», sagten sie. «An und für sich ist er harmlos, bloß wenn er getrunken hat...»

Ich bemerke, daß das Gerede verstummt, wenn ich in eine Trattoria eintrete. Schließlich höre ich auch einen Kommentar:

«Das ist die Caterina. Es ist besser, sie in Ruhe zu lassen. Letzthin hat sie einem ein blaues Auge geschlagen...»

Sollen sie reden. Mich kümmert's nicht.

Aber wenn ich Micheles Motoren heulen oder ihn selber johlen höre, dann sage ich ihm dankeschön.

Meine Haustüren, die hintere und die vordere, die sind seitdem mit dem Schlüssel verschlossen. Einen Waffenschein habe ich auch.

Eigentlich schade!

*

Sooft werde ich — offen und versteckt — gefragt, wie ich es schaffe, mutterseelenallein in meiner freiwillig gewählten Abgeschiedenheit zu leben. Einsam war ich in der Stadt. Da hatte ich mein Geschäft, asphaltierte Straßen ringsum, und meine Wohnung hoch über den Dächern der Altstadt. Mit Fensterbrettern, die so dumm konstruiert waren, daß ich nicht einmal ein Blumenkistchen draufstellen konnte. Dort war Einsamsein grausam — trotz allem Betrieb, trotz Parties, Konzerten, Theater, Schnickschnack und Klatsch.

Hier lebe ich m i t der Einsamkeit, nicht mehr g e g e n sie. Sie ist mir Freundin, weil sie mir erlaubt, dem Gesang des Flusses zu lauschen, das unbekümmerte Spiel zweier Lämmchen zu beobachten, den Tanz eines Schmetterlings. Streichelt einer, der menschliche Gesellschaft hat, die Rinde eines Lärchenbaums und spricht mit ihm?

Dann sind all meine Tiere um mich, die Katzen, Bona, die sanfteste aller Hündinnen. Ich unterhalte mich mit allen, schelte sie hie und da, aber höchst liebevoll. Ich zittere, wenn eines irgendwo unterwegs ist und nicht rechtzeitig heimkommt. Der Rosenstrauch am Gartentor, der Walnußbaum, die Blumen — ja selbst Radieschen und Zwiebeln, mit ihnen allen spreche ich. Der Einwand, daß sie mir nicht antworten können, gilt nicht. Ihre Sprache ist einfach anders. Meine Clematis zum Beispiel würde ihre Blütenschleier vielleicht nicht so verschwenderisch über den Gartenzaun wehen lassen, würde ich ihre Schönheit nicht täglich loben, während ich ihre Wurzeln gieße.

*

Dann habe ich auch Bäume, die Freunde sind, einige davon sogar spezielle Lieblinge.

Da ist zum Beispiel die mächtige Lärche, die zwischen Hühnerhof und Haus steht. Ich bin immer im Zweifel, zu welcher Jahreszeit sie am elegantesten ist. Im Frühling, wenn sie sich in ihren täglich grüner werdenden Schleier hüllt, im Sommer, wenn sie in ihren Ästen die vielen Meisennester birgt, im Herbst, wenn der Wind ihre goldenen Nadeln durch die Luft flirren läßt, oder im Winter, wenn sie sich wie ein Scherenschnitt von den weißen Schneehängen und dem blauen Himmel abhebt.

Wenn es stürmt, könnte es mir bange sein. Sturm kommt meist von Süden. Würde er die Lärche knicken, fiele sie direkt auf mein Dach — hoffentlich wäre mein Steindach stark genug. Denn die Lärche fällen lassen, das kann ich nicht. Es wäre genau, wie wenn ich ein geliebtes Tier töten lassen müßte.

Hie und da gehe ich ganz nah zu ihr, lehne den Kopf an die rötliche Rinde, schaue dem Auf und Ab der Ameisen zu, bemerke einen Schmetterling, höre den Wind in den Zweigen flüstern, fühle wie mein Fuß auf dem weichen Nadelbett federt und bin dankbar, daß ich bei der Lärche wohnen darf.

Dann habe ich zwei andere große Baum-Freunde. Zwei Walnußbäume. Der eine steht in meinem Hof. Er beschattet ein ganzes kleines Reich. Da ist mein runder Eßtisch aus Stein. Dann ein kleiner Azaleengarten. In einer Ecke bei der Mauer blüht ein großes Waldmeister-Kissen, gibt es je nach Jahreszeit Krokus, Maiglöckchen, Feuerlilien und Türkenbund. Da sind ein paar Quadratmeter mit Steinplatten bedeckt, und hier spielt sich — wenn es nicht regnet — mein

K.G.
76

häusliches Leben vom frühsten Frühling bis zum spätesten Herbst ab. Auch im Winter gibt's wenigstens die Mittagssuppe hier draußen, vorausgesetzt, daß ich Zeit hatte, die paar Quadratmeter vom Schnee freizuschaufeln.

Wie klug das doch eingerichtet ist: im Sommer, wenn man Schatten und Kühlung sucht, spendet ein Nußbaum beides. Der Geruch seiner Blätter vertreibt die Mücken. Im Herbst ernte ich seine Nüsse. Im Winter, wenn es schön ist, sich an den Sonnenstrahlen zu wärmen, fehlen die Blätter.

Und in den Blättern, in den grünen Schalen, in den Wurzeln sind noch andere geheimnisvolle Kräfte verborgen. Wie viele Wunder schlummern bloß in einem einzigen Baum!

Der zweite Nußbaum-Freund steht ein paar hundert Schritte talwärts, steil über dem Fluß, auf Odivios Wiese. Dieser Baum ist ein Monument. Hier steht die Zeit still. Vielleicht beginnt da auch die Ewigkeit.

Meine Gedanken beschäftigen sich oft mit dem Tode, mit dem, was nachher geschieht. Nicht mit mir — das ist nicht so wichtig — sondern mit meinen Tieren, meinem Garten. Einen Wunsch habe ich allerdings: ich mag kein Grab. Ich möchte bloß wieder zurückkehren in die Erde, die mir Heimat, Ruhe und Glück gegeben hat. Erde, auf der Bäume, Gras und Blumen wachsen, ist für mich geweihte Erde, auch wenn sie außerhalb von Friedhofsmauern liegt.

Eines Tages, als wir bei Odivios Nußbaum vorbeigingen, zeigte ich ihn meinem Bruder mit der nebenbei angebrachten Bemerkung, daß er hier dereinst meine Asche ausstreuen solle.

Einen Moment lang war er ernst, dann lachte er und sagte: «Wer weiß, vielleicht überlebst du mit deinem gesunden Freiluftleben sogar den Baum.»

Ein paar wenige Tage später hörte ich das Kreischen einer Motorsäge, das Aechzen, Sterben und Fallen eines Baumes. Ich dachte an nichts Böses. Erst als ich abends zu den Schafen ging und mein Blick über die Flußlandschaft glitt, sah ich, daß mein Aschen-Nußbaum nicht mehr stand. Ein Stoß kleingesägter Stammteile und Äste war noch übrig. Wahrhaftig, mir schossen die Tränen in die Augen. Ich hatte meinen Freund verloren, der am Eingang zur Ewigkeit stand.

Und wohin soll ich nun mit meiner Asche?

Während Wochen machte ich einen großen Bogen um den Ort, wo mein Aschenbaum stand. Aber eines Tages sah ich, wie jemand dort unten saß und den Holzstoß offenbar zeichnete.

Da ich hier Königin bin, muß ich erfahren, aus welchem Grund der Mann dort unten sitzt. Bona kommt mit. Der Zeichnende sieht uns nicht. Auch seine Begleiterin nicht. Sie sitzt auf einem Stein, hat hochgestecktes, dunkles Haar, trägt solide Wanderschuhe und ein lodengrünes Kleid. Auf ihrem Schoß liegt eine Häkelarbeit, die ein weißer Topflappen zu werden scheint.

Der Mann hat schlohweiße Haare und wache, blaue Augen. Neben ihm liegt ein riesengroßer Schlapphut.

«Schau mal, Dorle, ist die Weite dieser Flußlandschaft nicht phantastisch, einfach einmalig?» sagt er.

Endlich jemand, den dieser Punkt so fasziniert wie mich!

Ich grüße die beiden. Wir kommen ins Gespräch. Der Herr zeigt mir seinen Skizzenblock. Da ist einer der sechs hübschen Dorfbackofen von Froda, da das Haus, das man auf und an einen riesigen Felsen gebaut hat, hier erkenne ich Olimpios Ställe. Und da, nun ja, ist der Holzstoß meines Aschenbaumes. Was ich sehe, sind kurz, schlicht und einfach die Illustrationen, die ich mir für mein nächstes Buch wünsche. Ich muß sozusagen nur noch den Text ringsherum schreiben.

Sonst ist es ja so, daß ein Illustrator seine Zeichnungen nach der Lektüre eines Manuskripts anfertigt. Hier wäre es zur Abwechslung mal umgekehrt. Schon «weil ich immer alles anders als andere mache», wie Emilia behauptet.

Was daraus geworden ist, kann jeder sehen, der in diesem Buch blättert.

*

Das Rüegg'sche Schreibbüro hat sein Domizil gewechselt. Ich bin vom Felsen-Wohnzimmer umgezogen zu den Schafen. Tiere hüten und schreiben ist offenbar eine für mich ideale Kombination.

Heute morgen lagen dreißig Zentimeter Neuschnee im Tal. Die Bergspitzen hoben sich silbern weiß vom enzianblauen Himmel ab. Was im Schatten lag, war beinahe noch im Dunkeln. Die Sonne glitt langsam dem Wald entlang, überquerte den Fluß, der golden aufleuchtete. Dann ergossen sich ihre Strahlen auch über mein kleines Paradies.

Gegen Mittag mache ich immer einen Kontrollgang zu den Tieren, um zu sehen, ob alle Wassergeschirre genügend gefüllt sind, ob keines der jungen Kaninchen aus dem Nest gekrabbelt ist und vielleicht friert. Früher machte ich denselben Kontrollgang durch mein Geschäft, ordnete hier einen Blumenstrauß, stellte dort einen Keramikkrug besser ins Scheinwerferlicht, drapierte ein Stück handgewobene Seide anders. Immer wieder taucht der Gedanke auf, was meine Angestellten, meine verwöhnten Kundinnen sagen würden, sähen sie mich jetzt...

Die Kaninchen lagen jedes in seinem Ställchen in der von der Sonne beschienenen Ecke und ließen sich die warmen Strahlen auf den Pelz brennen. Die Hühner hatten in der Erde unter den Kaninchenställen Löcher gebuddelt und nahmen ein Sandbad.

Die Schafe — der obere Teil ihrer Stalltüre ist offen — drängen sich ebenfalls in der einfallenden Sonne. Warum soll ich sie nicht freilassen, damit auch sie die Wärme genießen können? Aber da sind die verschiedenen hochträchtigen Tiere, die vielleicht Schaden nehmen, wenn sie im tiefen Schnee versinken. Wenn ich bei ihnen bleibe, kann nichts geschehen.

So setze ich mich denn auf meine Lämmchen-Strohkiste an die Stallwand. Links plätschert der Brunnen, rechts dampft der Misthaufen. Meine rote Katze mit den bernsteinfarbenen Augen — sie heißt Fritzli Goldschatz und i s t einer — versucht wie einst Bimbo, sich zwischen Schreibmaschine und Schoß niederzulassen und womöglich mit dem Pfötchen eine der hüpfenden Tasten zu erwischen. Die Schafe schnuppern im Schnee herum, legen sich auf den sonnenbeschienenen Vorplatz. Sie kommen mir vor wie Skifahrer, die sich genüßlich an die warme Wand einer Alphütte lehnen. Nur brauchen sie keine Sonnencrème.

Die beiden Hähne krähen, einige Hühner verkünden ihr Tagesei, die Truten glucksen, Bona bellt. Der Fluß rauscht. Ein Buchfink piepst «d'Zyt isch do — die Zeit ist da». Auch Tessiner Buchfinken piepsen Schweizerdeutsch. Und die Spatzen schimpfen lautstark. Ein Häher kreischt, ein Specht hämmert. So viele Geräusche gibt es in meiner friedlichen Stille.

Fritzli springt mir auf die Schulter und reibt sein Köpfchen an meiner Wange. Nichts, aber gar nichts riecht besser als das Fell einer von der Sonne beschienenen Katze.

«Haaalt!» Im letzten Moment erwische ich Mufti, der das mit einem Stein beschwerte beiseitegelegte Manuskriptblatt fressen will. Von nun an werden die vollgeschriebenen Seiten hoch oben auf den Fenstersims gelegt.

Mein Blick schweift ins Weite, dem Fluß entlang, bis dort, wo er bei Briana nach Osten abbiegt. Schön ist es hier, so schön, daß es mir oft fast wehtut. Und so schön, daß es für einen allein beinah zu viel ist. Sozusagen Verschwendung.

Emilia darf ich das nicht sagen. Sie findet, daß wir in einem «brutto paese — einem wüsten Land» leben und daß das Bauernleben eine mühsame Angelegenheit sei. Aber Emilia kennt Städte nicht. Sie schüttelt bloß immer wieder den Kopf, daß «eine, wie die da oben» — und damit meint sie mich — freiwillig hier wohnt und es erst noch schön findet.

Ganz anders Emilias Bruder Olimpio. Er ist der geborene Optimist. Sein Leben ist nicht unbedingt so einfach und schön, daß er Grund hätte, Optimist zu sein. Olimpio ist gegen fünfzig Jahre alt, lebt unverheiratet zusammen mit drei älteren, ledigen Schwestern. Er arbeitet als Steinhauer im Steinbruch, besorgt alle schweren Arbeiten des umfangreichen Bauernhofes, melkt seine Ziegen — im Sommer auf einer Alp, dreiviertel Stunden über Froda —, schlägt Holz, trägt Unmengen von Heu zu den Ställen, die hoch über meinem Haus am Hang gelegen sind. So begegnen wir uns denn oft. Manchmal singt Olimpio mit einer schönen, hellen Tenorstimme. Aber nur, wenn er sich allein glaubt. Wenn er an meiner Gartentür vorbeigeht, dann wechseln wir ein paar kameradschaftliche Worte. Schneit und stürmt es, daß man an einen baldigen Weltuntergang denkt, dann verkündet er mir, «dopo il brutto viene il bello — nach dem Schlechten kommt das Gute». Das kann ich dann aufs Wetter beziehen oder worauf ich will.

Ich weiß nicht, wieviel tausend männliche Namen es gibt. Ich lache nur über den Zufall, daß Olimpios Eltern ihren Sprößling ausgerechnet so getauft haben. Einen treffenderen Namen für ihn gäbe es nämlich nicht. Denn Olimpio, der singende und philosophierende Ziegenbauer und Steinhauer, ist sportverrückt. Und wie. Ich brauche gar nicht ins Fernsehprogramm zu sehen. Wenn er im Laufschritt von seinen Ställen herunterstürmt, mit kurzem Gruß an mir vorbeieilt, dann weiß ich, daß bald darauf ein Skirennen übertragen wird.

Gab's einen Schweizer Sieg, dann strahlt er, wenn ich ihm das nächste Mal begegne.

«Ha, el tamborning hat es ihnen wieder einmal gezeigt.» «El tamborning — das Trömmelchen» —, zärtlicher geht's nicht mehr —, so nennt Olimpio unsere kleine, rundliche Olympiasiegerin.

Hat sie aber versagt, dann läßt er den Kopf hängen und geht für einmal grußlos an mir vorbei. Versagt hat nicht bloß eine Sportlerin, nein, in Olimpios Augen die ganze Eidgenossenschaft inklusive Olimpio aus Froda Valle.

«He, Olimpio», rufe ich ihm zu.

«Was ist?»

«Dopo il brutto viene il bello!»

Da lacht er wieder. Und beim nächsten Rennen gewinnt «el tamborning» gewiß. Sie muß, denn Olimpio hat ihr den Daumen gehalten.

*

Es schneit. Und wie es schneit. Gestern abend hat es begonnen. Mit einer beinah halbmeterhohen Decke sind wir über Nacht zugedeckt worden. «Un mezzo metrino», sagt Emilia. «Ein halbes Meterchen.» In der italienischen Sprache wendet man Verkleinerungssilben viel häufiger an. Man hängt einem Wort, je nachdem, ob es männlich oder weiblich ist, ein -ino oder eine -ina an. Dann tönt diese schönste aller Sprachen noch melodiöser, als sie sonst schon ist.

Schade, daß wir in der deutschen Sprache zum Beispiel die Vergrößerungs- und Verhäßlichungssilben nicht kennen. Ein «tavolone» ist ein großer Tisch und ein «tavolaccio» ein häßlicher. Mit diesen Silben zu spielen, macht mir Spaß. Es ist, als ob ich ein neues Instrument spielen lerne, das bisher unbekannte Töne hervorbringt. Auch eine Sprache kann Freude machen!

Aus dem mezzo metrino wird bis zum Abend ein metrone. Ich schaffe es nur noch mit Mühe, bis zum Stall zu kommen. Die Wasser- und Futtereimer muß ich hochhalten, sonst bleiben sie im Schnee stecken. Fritzli läßt es sich auch jetzt nicht nehmen, mitzukommen. Er kämpft mit dem Schnee. Er muß meine Fußstapfen benützen, um vorwärts zu kommen. Das bedingt für ihn ein mühsames Hin- und Herhüpfen. An seinem Bauch hängen viele kleine Schneeklumpen, und zwischen den Zehen gefrieren Eisbällchen. Er kauert sich mäuschenstill auf den Misthaufen, um nach ein paar Minuten eine piepsende Maus zu mir zu bringen. Ich lobe ihn gebührend. Oft frage ich mich, wie viele Kilogramm Tierfutter mir dank meiner Katzengesellschaft nicht von den Mäusen gefressen werden. Mindestens zwei Mäuse pro Tag fangen die vier. Wobei der Peterli Schwarz noch so klein ist, daß man ihn kaum als vollwertigen Mäusefänger einstufen darf.

Erstaunlicherweise fangen sie aber kaum einen Vogel, obwohl es ums Futterhäuschen von Meisen, Finken, Bergfinken und Rotkehlchen nur so wimmelt. Ich wage die Behauptung, daß Katzen, die genügend Mäuse fangen können, sich für Vögel nur so nebenbei interessieren und etwa ein krankes Tier erwischen.

«Mäusefangen ist ja auch viel bequemer, weil Mäuse nicht fliegen können.» So hat mich seinerzeit meine erste Katze, das Susi Stäubli, belehrt.

Emilia trägt — ich sehe sie zum erstenmal so — eine apfelgrüne, handgestrickte Mütze anstatt ihr jahraus, jahrein übliches blaugepunktetes Kopftuch.

«Jetzt fehlt gar nicht mehr viel, bis auch ich Blue Jeans anziehe», sagt sie. Sie weiß gar nicht, wie hübsch sie in ihrer gewöhnlichen Arbeitstracht aussieht: genau wie die kleine Frau, die im Wetterhäuschen das schöne Wetter anzeigt. Rundlich, mit gesunder Gesichtsfarbe, mit in der Taille gebundener Schürze, roter Jacke, hohen, derben Schuhen. Emilia stapft durch den Fußweg abwärts, kehrt sich nochmal zu mir um:

«Nimmt mich wunder, ob wir dich morgen nicht ausschaufeln müssen.»

Egal wär's mir, eingeschneit zu werden. Meinetwegen gleich vierzehn Tage lang. Zu essen habe ich genug. Mit dem Wein hapert es. Aber dann trinke ich abends eben nochmals Tee. Und für die Tiere ist auch vorgesorgt.

Am andern Morgen ist der Schnee so hoch, daß ich bis zur Brust darin versinke. Ich muß zuerst einen Weg zum Stall schaufeln. Dann tritt ein dummer Konstruktionsfehler zutage. Niemand hat an den Schnee gedacht, weder Luzi noch Bruno noch ich, als wir die Türen des Hühnerhofes anschlugen. Sie öffnen sich nach innen, und das ist falsch. Ich muß mich also irgendwie durch einen Spalt quetschen, den ich mache, indem ich die Türe mit Gewalt gegen den Schnee drücke. Dann wird von innen ausgeschaufelt, was beim zusammengeballten Schnee viel mühsamer ist.

Sollte ich je wiederum in die Lage kommen, einen Stall zu planen, dann würde ich dies im tiefsten Winter tun. Ich würde zum Beispiel auch das Dach über den Kaninchenbuchten weiter vorziehen, damit ich nicht während der ganzen Fütterungsarbeit, und die dauert morgens doch beinahe eine Stunde, im Wetter stehen muß.

Obschon auf den Wiesen der Schnee mehr als meterhoch liegt, strecken der Hausmauer entlang ein paar Tulpen und Krokusse ihre ersten Blattspitzen ans Licht. Allererste kleine Gartenfreuden.

Garten.

Wie es in Don Serafinos Garten wohl aussieht? Ich muß bloß den Kopf von der Schreibmaschine heben, um zu ihm hinüber zu blicken. Zum Kirchengarten, der sich unterhalb der Kirche wie ein auf die Spitze gestelltes Dreieck ausbreitet. Wenn ich denke, wie ich zu diesem Garten kam und wieviel Spaß er mir schon bereitete!

Es fing damit an, daß ich zuviel Mist hatte. Hühnermist und Kaninchenmist, mit Stroh durchsetzt. Der kleine Gemüsegarten beim Haus und der Ziergarten ringsum waren längst gedüngt.

Was macht man da bloß mit einem Misthaufen?

Froda hat seit vielen, vielen Jahren keinen eigenen Pfarrer mehr. Wir teilen unsern Herrn Curato mit Briana. Und unser Pfarrgarten, eingesäumt von halbhohen Mauern, unterteilt in verschiedene Terrassen und mit einem Werkzeugschuppen versehen — vielleicht hielten die Pfarrherren hier auch Bienen —, der war verwildert. Flieder blühte noch; ein paar Rosenstöcke, die niemand schnitt, serbelten vor sich hin. Ein Birnbaum war noch da und ein Johannisbeerstrauch. Der Rest war Unkraut.

Wie wär's denn, wenn ich meinen Mist in diesen Garten bringen würde?

Ich fragte die Vorsteher der Kirchgemeinde, ob ich ihn mieten dürfe.

«Mieten nicht», antworteten sie, «wir sind so froh, wenn sich jemand darum kümmert, daß Sie ihn gratis haben dürfen.»

So sind eben die Leute von Froda.

Wieder einmal rodete ich also. Wenn ich auszurechnen versuche, wie viele Quadratmeter Land ich schon gerodet habe, verhasple ich mich in Multiplikationen. Aber auch diesmal hatte ich Hilfe: Luzi und Reto.

Emilia war mit meinem Garten nicht einverstanden.

«So ein Blödsinn! Eine verrückte Arbeit hast du dir da aufgehalst.»

«Laß mich doch, wenn's mir Spaß macht.»

Ein paar Tage später schenkte sie mir eine Kiste mit überzähligen Tomatensetzlingen.

«Da, damit du nicht auch noch dein gutes Geld für den dummen Garten ausgibst. Es langt mit dem Schweiß.»

Ich pflanzte gehorsam Emilias Tomaten. Auf dem Heimweg begegnete ich Teresita.

«Kannst du nicht ein paar Tomatenpflänzchen brauchen?» fragte sie. «Ich hab' zuviel, und du mit deinem Pfarrgarten...»

Etwa dasselbe hörte ich von Gualtiero, Ettore und Odivio.

K. G.
76

Schließlich waren in Don Serafinos neuerstandenem Garten mehr als hundert Tomatenstauden fein säuberlich angepflanzt, jeweils mit einer Schaufel voll Mist untendrin. Wer weiß, vielleicht gedeihen nicht alle in unserm Bergklima. Denn wohin sollte ich dann mit meiner Tomatenernte?

Möglicherweise hat Don Serafinos Geist mir über die Schulter geguckt, vielleicht hat er auch seine segnende Hand über meinen Garten gehalten. Vielleicht war auch nur der Mist schuld: die Tomaten gediehen, daß es eine wahre, reine Freude war. Zwischenhinein hatte ich Kohlrabi gepflanzt, und Radieschen, Karotten, Randen, Kopfsalat, Pflücksalat, Bohnen, Rosenkohl, Rotkohl, Zucchetti, natürlich Kartoffeln.

Mein erstes, ganz selbst produziertes Mittagessen, das ich nicht mehr vergesse, war Gemüsesuppe, Rührei mit Kaninchenleber und Salat, zum Dessert Erdbeeren.

Die Gemüse reiften jeweils dann, wenn die Haupternte der Ebene vorbei war und die Preise wieder anzogen.

Ich fragte meine Eierkunden, ob sie sich für meine weiteren Landesprodukte interessierten. Garantiert biologisches Gemüse, garantiert nicht gespritzt und garantiert mit echtem Mist gedüngt. Die Kunden sagten ja. Mein sonst eher schmaler Geldbeutel hatte hie und da ein Bäuchlein.

Aber nicht nur Gemüse pflanzte ich. Auch viele, viele Blumen. Bauerngartenblumen. Gärtnern in fruchtbarer Erde macht unwahrscheinlichen Spaß. Ich führte in Gedanken lange Gespräche mit Don Serafino. Als ich die Erde unter den Buschbohnen anhäufelte, fand ich den Knopf einer Soutane. Er schien mir wie ein freundlicher Gruß. Dann grübelte ich darüber nach, was wohl jemand von *mir* finden wird, der in fünfzig Jahren hier die Erde hackt. Seltsame Wege gehen die Gedanken eines Gärtners, der so einsam lebt wie ich.

Auch das Unkraut gedieh! Und wie. Löwenzahn und Sauerampfer versuchten hartnäckig, sich immer wieder breit zu machen. Ich jätete mit Feuereifer, denn nichts haben Kaninchen und Hühner lieber, als gerade diese beiden Störenfriede.

Als ich versehentlich mit dem Unkraut eine Sonnenblume ausriß, brachte ich auch diese meinen Tieren. Welch ein Erfolg. Nächstes Jahr werde ich noch mehr Sonnenblumen säen — als Tierfutter.

Nun begannen sich — wie bei einer Maschine — verschiedene ineinandergreifende Rädchen zu drehen: Mist der Tiere für den Garten — Unkraut aus dem Garten für die Tiere — Futterabfälle, die die Kaninchen nicht gern hatten, waren Leckerbissen für die Truthühner. Fauliges auf den Komposthaufen — Kompost und Mist von neuem für den Garten. Das, was ich heute noch in den Abfallkübel werfe, ist sehr, sehr wenig. Gäbe es noch eine Haustierart, die Glas, Blech und Plastik frißt, oder könnte man diese Materialien kompostieren, die Kehrichtabfuhr bekäme nichts mehr von mir.

*

«Nie in meinem Leben möchte ich Truten halten. Die gehen mir mit ihrem Geglucker und Gekoller zu sehr auf die Nerven.» Jedesmal, wenn ich bei Gualtiero vorbeiging, dachte ich das.

Auch heute. Ich war bei ihm, um einen Hühnerkäfig zu

bestellen. Einen, den ich auf der Wiese immer ins schönste Gras stellen konnte, um die erste Henne spazieren zu lassen, die dieses Jahr Küken ausgebrütet hatte.

«Möchtest du nicht meine Truthenne zu dir nehmen, bis die Küken drei Monate alt sind?» fragte er. «Ich weiß nicht, was ich falsch mache, aber mehr als zwei, drei Kleine schlüpfen nie. Und du hast irgendwie mehr Geschick mit Tieren als andere.»

«Wie ist das jetzt mit dem 'nie in meinem Leben'?» neckte mich das vorwitzige innere Stimmchen.

Aber ich hatte schon zugestimmt. Versuchen konnte ich es ja.

«Schau, hier sind die Eier, die sie schon gelegt hat.»

Gualtiero brachte eine mit Sand gefüllte Schachtel, in die ein paar Eier sorgfältig gebettet waren.

«Jeden Tag legt sie eins. Ich nehme ihr die Eier weg, weil sie sie überall in der Gegend verstreut.»

Wir einigten uns, daß ich sowohl Eier als auch die Henne holen käme, sobald sie sich anschickte, zu brüten.

Ich ging nach Hause und studierte die spärliche Literatur. Es mußte doch einen Grund haben, weshalb die Küken nicht schlüpften. Da. Wahrscheinlich hatte ich ihn gefunden:

«Bruteier müssen täglich um einhundertachzig Grad gedreht werden. Sonst erschlaffen die Schnüre, die den Dotter im Eiweiß fixiert halten, und das Ei stirbt ab.»

Telefon an Gualtiero, die Eier täglich zu drehen. Ich hörte seine Zweifel durch den Draht und sah wieder einmal vor mir, wie einer aus Froda den Kopf über mich schüttelte.

Nach vierzehn Tagen bekam ich die Henne und eine Schachtel, in der siebzehn Eier lagen. Ich bereitete ihr in einem Extra-Gehege im Hühnerstall ein Nest, bestreute ihr

K.G.
76

Gefieder mit Insektenpulver, streichelte sie und bat sie, recht fleißig zu sein. Fünf der Jungen wollte Gualtiero zurück. Natürlich auch die Henne. Und den Rest sollte ich behalten dürfen — wenn's überhaupt einen Rest gab.

Drei Wochen verstrichen. Die Henne saß auf ihrem Nest. Oft fraß und trank sie tagelang nichts. Ich war bekümmert.

Am Abend des achtundzwanzigsten Tages endlich — so lange dauert es, bis Trutenküken schlüpfen — stellte ich unter der Henne ein wahres Gewimmel von gelbflaumigen Küken fest. Wieviel es waren? Ich wollte mich erst morgen vergewissern. Die Henne war nervös. Ich war es noch viel mehr. Wenn ich die Eier selbst hätte brüten dürfen, ich glaube, ich wäre ruhiger gewesen.

Zudem hatte ich Besuch, der den wichtigen Moment des Umzugs vom Nest ins neue Ställchen filmen wollte. Das ging nicht, wollte ich nicht Henne und Küken zu sehr beunruhigen. So tat ich es denn frühmorgens, als alle noch schliefen.

Aus den siebzehn Eiern waren siebzehn Küken geschlüpft, nicht größer als Hühnerküken. Drei der armen Kleinen mußten sterben, bis ich herausfand, daß man ihnen einen Zufluchtsort schaffen muß, den die Mutter nicht erreichen kann. Die Henne war so ängstlich, daß sie sich ob der kleinsten Kleinigkeit erregte und dann nicht merkte, wenn sie auf ein Küken trat. Nachdem diese aber herausfanden, wohin sie sich bei Alarm retten mußten, starb keines mehr.

Ich verbrachte täglich Stunden damit, Futter für die Trutchen zu zerkleinern. Am liebsten fraßen sie Gemüseabfall. Tomaten, Zucchetti, ausgebrochene Tomatenzweige, Brennesseln, Sauerampfer. Aber alles, bitteschön, ganz, ganz fein geschnitten. Die Brennesseln mußten zudem vor dem Schneiden lahm geworden sein, sonst taten sie den empfindlichen Kükenfüßchen weh.

Niemand hat die Zeit notiert, die ich zum Zerschneiden von Blättern und Gemüsen aufwendete. Aber alle zählten die Küken, die am Leben blieben. Es waren und blieben vierzehn.

Bereits im September hatte ich neun Bestellungen für Truten an Weihnachten. Von neuem kam das Problem, wie schön das Halten von Tieren wäre, müßte man sie nicht schließlich töten.

Wiederum nahmen mir Santina und Bruno diese Arbeit ab. Von den vierzehn Küken gab ich vereinbarungsgemäß fünf an Gualtiero. Fünf wurden geschlachtet — ich habe nichts davon gegessen. Den schönsten Hahn tauschte ich gegen einen blutfremden Hahn, die andern Hennen behielt ich. Sie gluckern und schimpfen auch jetzt mit jedem, der sich zu nähern wagt. Mit ihnen will ich weiterzüchten. Ich werde dann die drei Monate alten Küken verkaufen und nur die Zuchttiere behalten.

Reich wird man auch mit Truten nicht. Aber sie können ihren Teil zum Lebensunterhalt eines Bauern beitragen — auch wenn er vielleicht behauptet, ihr Gegluckse mache ihn nervös.

Heute jedenfalls bin ich so weit, daß mir etwas fehlt, wenn ich es nicht höre.

*

Wie schön war es, mein erstes Buch zu schreiben. Kein Lektor, kein Verleger fragte, ob das Manuskript bis Ende dieses Monats endlich fertig sei. Kein Leser erkundigte sich: «Wann erscheint Ihr nächstes Buch?»

Ich schrieb und schrieb. Als es fertig war, las ich es durch, schrieb es neu und um und noch einmal, so lange, bis ich das Gefühl hatte, daß das Ding nun «saß».

Es sind noch drei Wochen bis zum Termin, an dem ich das Manuskript dieses Buches abzuliefern versprach, Ostern 1977, und ich hätte noch soo viel zu erzählen. Wiederum bin ich erkältet, habe Fieber, werde von Emilia mit guten Ratschlägen betreut.

Diesmal ist Zürich schuld.

Zürich, jawohl.

Tessiner Werbewochen. Werbung fürs Tessin als Ferienland und gleichzeitig für Tessiner Kunsthandwerk, Tessiner Produkte. Mit einem lustigen Tessiner Markt unter den Bögen am Limmatquai, wo man Ziegen-Käslein kaufen kann, Merlot (typischer Tessiner Wein), Keramik, Schmiedeeisen, Handdruckstoffe, die handgesponnene Wolle unseres Tals, Bücher von Tessiner Schriftstellern, Bücher über das Tessin.

Mich haben sie eingeladen, um meine Bücher zu signieren.

Ich tue das sehr gern, weil es mir die Möglichkeit eines Kontaktes von Angesicht zu Angesicht mit meinen Lesern gibt.

Ich stelle mir vor, daß ich mit diesem und jenem ein paar Worte plaudern kann, sozusagen ein bißchen Marktforschung betreiben, wie einst in meinem Geschäft.

Es regnet in Strömen. Es gießt und es kübelt und ist gräßlich kalt. Die Menschenmaße drängt sich durch die Verkaufsstände.

Eine Tessiner Bandella, etwa zehn Mann stark, alle in blau/weiße Hemden gekleidet, anstelle der Krawatte zwei gelbe Pompons, beige Cordhosen, untermalt die Tessiner-Stimmung, die trotz des Regens hohe Wellen schlägt.

Eine Tessiner Bandella. Noch bin ich nicht hinter das Geheimnis gekommen, wie sie es machen. Denn Tessiner Blechmusik tönt für Nicht-Tessiner-Ohren immer ein ganz, ganz kleines bißchen falsch. Vielleicht haben sie einen oder zwei Halbtöne mehr in ihrer Tonleiter, vielleicht ist es sonst ein Geheimnis, das all denen verborgen bleibt, die nicht schon die Muttermilch im Tessin getrunken haben.

Auch die Bandella friert. Einer zieht eine Windjacke über sein hübsches Hemd, der andere einen Mantel, der dritte einen Pullover.

«Eigentlich sollten die für schlechtes Wetter auch alle die gleichen Pullover haben», denke ich. «Nicht nur die blauen Hemden und die gelben Pompons.»

Ein Tisch ist bereit für mich, eine Bank, ein paar Kisten mit meinen Büchern stehen am Boden. Eine Aushilfsverkäuferin — vermutlich eine Studentin —, und ein Lehrmädchen der Buchhandlung begrüßen mich. Und eine Schlange von Lesern wartet bereits!

Ohne Organisation bilden sich vor dem Tisch zwei Gruppen: auf der einen Seite die Leute, die die Bücher kaufen, auf der andern Seite diejenigen, die sie von zu Hause mitgebracht haben.

Ich unterschreibe also. Ich finde es netter, jedem Leser noch ein paar persönliche Worte mitzugeben. Zum Beispiel:

«Statt Salami und Nostrano! Herzlich Kathrin Rüegg.» Dies bei Leuten, die mir den Eindruck von Feinschmeckern machen.

«Statt Mimosen und Kamelien! Herzlich Kathrin Rüegg», bei zarten Damen jeden Alters und bei Lesern, die mir verraten, daß sie das Buch ihrer Herzallerliebsten schenken wollen.

Wird das Gedränge so groß, daß ich kaum mehr Zeit habe, um dem einzelnen ins Gesicht zu sehen, schreibe ich in Band I:

«Mit herzlichen Tessiner Grüßen! Kathrin Rüegg», und in Band II:

«Siehe Seite 141! Herzlich Kathrin Rüegg.»

Auf Seite 141 streiche ich den wichtigen Satz an. Es ist derjenige, den Elvezio-Luigi uns an der Cena del Secolo fürs nächste Jahr mitgab:

«Passem el temp per viv!» — Verbringen wir doch unsere Zeit, um zu leben!

Armer Elvezio-Luigi, wenn dir die Ohren läuteten, jedesmal wenn ich diesen Satz anstrich! Aber ich bin froh darum. Und im stillen lache ich vor mich hin. Keine Ahnung hatte ich damals, wie sehr mir so ein Sätzlein die Unterschreiberei erleichtern würde.

Ein paar Schritte weg von mir sitzen Nicoletta und Adelina, zwei Frauen aus Roviso. Nicoletta ist noch nicht zwanzig, feingliedrig, mit langen, geraden Haaren und dunklen Augen. Adelina ist etwa so alt wie ich, dunkel, ruhig. Adelina zeigt, wie man Wolle mit der Spindel spinnt. Unter den linken Arm hat sie den Rocken geklemmt, an den die Wolle gebunden ist. Mit der rechten Hand läßt sie ihre Spindel tanzen. Nicoletta spinnt mit dem Spinnrad.

Beide Frauen tragen die Tracht unseres Tals mit den handgesponnenen Halbleinenschürzen, die nicht um die Taille, sondern unter den Armen gebunden werden. Ich frage mich, ob es der drängenden, stoßenden, risottoessenden Menge auch auffällt, mit welch weichen, anmutigen Bewegungen die beiden arbeiten, die so gar nicht hierher passen. Eine Heimweh-Welle überspült mich. Ich höre den Fluß rauschen.

Ein Uhr. Die beiden Spinnerinnen stehen vor meinem Tisch.

«Wir können nicht mehr. Wir sind steifgefroren wie frisch geschorene Schafe. Kommst du mit uns, damit wir uns beim Mittagessen irgendwo aufwärmen können?»

Ich frage die wartenden Leser, ob ich zwischenhinein etwas essen gehen darf. Kein einziger reklamiert, weil er umsonst gewartet hat. Danke!

Wir essen Fondue, das gibt es bei uns nicht, trinken kannenweise Tee.

Dann kehren wir an unsere Arbeit zurück. Ich weiß nicht, wie viele Bücher verkauft worden sind und noch viel weniger weiß ich, wie viele ich unterschrieben habe. Aber ich merke, daß ich schlottere wie ein Hund, obschon ich meinen allerdicksten, selbstgesponnenen, selbstgestrickten, mit Krappwurzel rot gefärbten Pullover trage.

Daß ich müde bin, äußert sich darin, daß ich kuriose Widmungen schreibe:

«Statt Salami und Mimosen»

und jemandem im Band I: «Siehe Seite 141»

Und dieser Band hat doch nur 140 Seiten! Liebe Leser, nehmt mir das nicht übel.

Fragen umschwirren mich, immer dieselben, immer solche, die mir zeigen, daß meine Leser am kleinsten Detail meines Lebens Anteil nehmen, mit mir lachen, mit mir weinen, möglicherweise auch mit mir fluchen — obwohl die Mutter eines meiner Patenkinder der Ansicht ist, ich sollte nicht fluchen. Schimpfen täte es auch.

Immer wieder höre ich:

«Und wann kommt Ihr nächstes Buch?»

«Ich schreibe, bin aber noch nicht fertig.»

«Und wie heißt es?»

Der Frau, die dies fragt, schreibe ich soeben in Band I:

«Mit herzlichen Tessiner Grüßen! Kathrin Rüegg.»

Infolge meiner Müdigkeit sage ich:

«Mit herzlichen Tessiner Grüßen.»

«Danke», sagte die Frau. «Ich werde es sofort in meiner Buchhandlung bestellen.»

Da habe ich mir was Schönes eingebrockt. Was, wenn der Verlag mit diesem Titel nicht einverstanden ist?

Die Lösung dieser Frage zeigt sich dem geneigten Leser, wenn er den Titel dieses Buches liest.

Und die vielen, die wissen wollen, wo Froda ist, welches Tessiner Tal ich Acquaverdetal getauft habe, wo ich genau wohne. Ich sage es nicht. Wenn ich an den Besucherschwall nur denke, der bei mir einträfe, würde ich den heute gekommenen Zürchern meine Adresse verraten, schaudert es mich.

Jemand hat mir eine geheimnisvolle, mit Löchern versehene Schachtel in die Hände gedrückt, in der es raschelt, und jemand ein selbstgebasteltes, hölzernes Ding, das sich als Untersatz für rußige Pfannen entpuppt, die man dank ihm auf den Eßtisch stellen kann. Man nennt dieses nützliche Ding «Pfannenknecht». Einer bringt eine Riesenschachtel mit Aufschrift «Glas».

Ein Polizist schenkt mir eine Kamelie und hätte gern ein Autogramm auf einem Zettelchen, damit er es ins Buch einkleben kann. Und gleich noch ein zweites, auf dem ich «für Fräulein Häfeli» schreiben soll und meine Unterschrift.

Adi, mein Arbeitskollege aus früheren Zeiten, bringt uns Wein, dann Kaffee, dann Grappa. Er ist sichtlich stolz, daß er mich kennt.

Alle paar Minuten fragt jemand:

«Wie geht es Michelangelo?»

«Ich weiß nur, daß er herumvagabundiert und säuft», sage ich.

«Ich bin schon sehr neugierig, wer denn dieser Michelangelo ist», sagt die Studentin neben mir. «Morgen kaufe ich mir Ihr Buch.»

Wieder fragt einer nach Michelangelo. Die Studentin antwortet statt meiner.

«Er säuft», sagt sie.

«Und Onkel Arthur?» fragt der Mann.

«Onkel Arthur war sehr krank», antwortet sie wiederum. «Aber im Mai soll er wieder zu ihr kommen.»

Auch diese Antwort hat sie von mir schon etwa dreißigmal gehört.

Irgendwann stelle ich fest, daß im ersten Band vornedrin steht: Vierte Auflage. Während ich weiterschreibe «Mit herzlichen Tessiner Grüßen...» denke ich, daß ich beim Verlag reklamieren muß. Bei jeder Neuauflage habe ich pro tausend Exemplare zwei Freiexemplare zugut, und immer wieder mal vergessen sie, sie mir zu schicken.

Gegen Abend sehe ich, daß ich nun sogar ein Buch der fünften Auflage unterschreibe. Ich platze fast vor Glück, habe die Vision eines Esels und von Schafen vor den Augen und schreibe:

«Erstes Buch der fünften Auflage! Mit herzlichen Tessiner Gr...»

Die Uhr der Peterskirche schlägt fünf. Band II ist seit einer halben Stunde ausverkauft. Wir haben eine Adressenliste derjenigen, die ihn nicht mehr erhielten. Vom ersten Band sind noch fünf Exemplare da. Ich stehe mit steifen Knien auf, die Finger tun mir vom Schreiben weh, ich zittere vor Kälte, aber, mein Gott, bin ich glücklich!

Viel Zeit dafür habe ich nicht.

Da taucht nämlich ein großes Problem auf: Nicoletta und Adelina haben sich heute morgen im ersten Stock eines nahegelegenen Restaurants umgezogen. Und jetzt finden sie dort ihre Schuhe nicht mehr!

Es ist zum Verzweifeln, wenn man kein Wort Deutsch kann, in einer altertümlichen Tracht, mit Zoccoli an den Füßen, ein Spinnrad unter dem Arm, im Regen mitten in Zürich in einem Menschengewimmel steht und seine Schuhe nicht mehr findet! Besonders wenn man weiß, daß in einer halben Stunde der Zug fährt. Der Zug, heim ins Tessin, einer ohne Halt von Zürich bis Bellinzona.

Schließlich finde ich die Schuhe und unterbreite nun Nicoletta und Adelina m e i n Problem. Ich habe einen Koffer, die Schachtel mit dem lebenden Tier drin, einen beim Coiffeur ausgeliehenen Regenschirm, den Pfannenknecht, die Schachtel mit der Aufschrift «Glas», eine Einkaufstasche mit einer geliehenen Thermosflasche (war ich froh um jenen Kaffee!), die Kamelie des Polizisten und sonst noch zwei Blumensträuße. Wie wäre ich wohl ohne Hilfe mit all dem Gepäck rechtzeitig zum Bahnhof gekommen? Taxi erwischen wir nämlich keines.

Wir lassen uns in die Bänke des Eisenbahnwagens fallen und sind eine Zeitlang ganz still. Still und todmüde. Wenn wir doch bloß schon zu Hause wären!

Eine quietschvergnügte Männerbande mit Musikinstrumenten betritt lärmend den Wagen. Unsere Bandella! Einer, er ist etwa in meinem Alter, setzt sich neben mich und erklärt mir, daß er entsetzlich schüchtern sei.

«Ich auch», sage ich. «Was machen wir da bloß?»

Er rätselt daran herum, wo er mich wohl schon gesehen hat und kommt nicht darauf, daß er, seine Posaune tutend, heute mindestens fünfzigmal an meinem Tisch vorbei marschiert ist. An Nicoletta und Adelina erinnert er sich. «Le filatrici della valle — die Spinnerinnen vom Tal.»

Wir unterhalten uns, kommen vom Hundertsten ins Tausendste. Weil wir alle müde sind, müssen wir über alles und jedes lachen. Wir drei Frauen kichern wie Schulmädchen über das kleinste Witzchen. Mich versuchen sie wegen meines dicken Pullovers zu ärgern.

«Die Farbe wäre schon recht», sagen sie, «so grob gestrickt hat er jedoch viel zu viele Löcher.»

«Aber schön warm hat er heute bei dem Sauwetter gegeben, und schöner als eure Windjacken, Mäntel und Skipullover war er auch. Und ich habe damit erst noch Werbung für die Tessiner Wolle gemacht.»

«Schön warm» und «Werbung für Tessiner Wolle» — es ist eine logische Folge, daß einer auf die Idee kommt, es wäre doch eigentlich die einzig richtige Schlechtwetterbekleidung für die Bandella, wenn alle den gleichen, roten, handgestrickten Pullover trügen. Mein Wunderwerk wird zehnmal an- und ausgezogen. Zum Glück ist es so groß, daß es allen mehr oder weniger paßt. Sie drehen und wenden sich wie Mannequins, machen ein paar Tanzschrittchen im Wagengang. Diejenigen, die ein Bäuchlein haben, bekommen von den andern einen kollegialen Klaps drauf.

Wir tauschen schließlich Adressen aus, und ich schwöre

mir, daß die Bandella mit ihrem richtigen Namen hier ins Buch kommt, wenn sie Pullover aus unserer Wolle bestellen. Hoffentlich tun sie es, bevor ich mein Manuskript abliefern muß.

Als wir in San Michele anlangen, stelle ich fest, daß mir noch keine Reise ins Tessin so kurz schien, und ich freue mich, heimzukehren dahin, wo ich hingehöre: nach Froda.

*

Froda. So viele fragen mich, wo Froda genau sei, denn in Wirklichkeit heißt es anders. «Froda» ist in der Mundart des Acquaverdetals ein Wasserfall. Irgendwo habe ich die Vermutung gelesen, das Wort Froda sei keltischen Ursprungs. Nur war keine Erklärung dabei, wie die Kelten hierher gekommen sein können. Offenbar waren sie ein noch reiselustigeres Völkchen als unsere heutigen deutschen Nachbarn!

Aber sei es wie es wolle. Froda ist für mich «Heimat». Heimkehren nach Froda ist wie Heimkehren ins Nest, ins warme, gepolsterte. Allen, die Froda suchen wollen, ein paar Hilfen und gleich auch eine ganz große Bitte: sucht Froda, schaut euch die Schönheiten des Acquaverdetals an, aber sucht und be-sucht die Kathrin Rüegg nicht!

Bewundert lieber unseren grünen Fluß. Unsern sauberen grünen Fluß, mit Forellen drin, sooo groß!

Um ganz sicher zu sein: Froda ist jenes Dorf, dessen Postbüro jahraus, jahrein mit Geranien geschmückt ist. Im Sommer blühen sie auf dem Fensterbrett, im Winter hinter den Scheiben. Im Gärtchen der Postina gibt es einen Kirschbaum. Einen Weichsel-Kirschbaum mit herrlichen, aroma-

QVESTA OPERA
1640
K.G. 76

tischen Früchten. Im Baum hängt ein Meisen-Futterkästchen, das die Posthalterin aus einer Zigarrenschachtel gebastelt hat, die sie mit einem Kehrichtsack aus Plastic überzog. Und gleich nach der Post steht ein Kapellchen mit einer Schmerzensmutter drin und einem Schmiedeisengitter davor. Hie und da stellt Marino hier sein Motorfahrrad ein. Kein Mensch stört sich daran, daß hier Religiöses und Profanes innigst miteinander vermengt werden. Sicher ist, daß Marinos Motorino hier nicht gestohlen wird.

Gleich an der Wand des Kapellchens lehnt ein Kehricht-Kontainer und schließlich folgt die Telefonkabine. Viele Leute haben mich schon von dieser Kabine aus angerufen. Man sieht nämlich, während man auf den Summer des Telefons hört, direkt zu mir hinüber auf die andere Seite des Flusses. Wenn ich keine Antwort gebe, dann bin ich entweder im Pfarrgarten oder bei den Schafen oder im Hühnerstall. Vielleicht auch in Roviso, dem hintersten Dorf unseres Tals, um Wolle zu waschen. Wer weiß.

Und nun wird es höchste Zeit, zu erzählen, weshalb ich Wolle wasche, weshalb ich meinen Pullover mit Krappwurzel rot gefärbt habe, weshalb die Tessiner Wolle mich so fasziniert.

Oft hätte ich so viel aufs Mal zu berichten, daß ich am liebsten vierhändig gleich auf zwei Schreibmaschinen schriebe. Vielleicht ist es aber besser zweihändig. Es könnten doch zu viele Verwechslungen und Konfusionen entstehen. Zum «Salami mit Mimosen» käme «Nostrano mit Kamelien». Zu meinem noch fieberheißen Kopf allerdings würden alle ungewöhnlichen Kombinationen passen.

Ich weiß nicht, wie viele Kilogramm rohe Wolle ich gesponnen und verstrickt hatte, als mir die Eischalenfarbe meines Arbeitsmaterials verleidete. Ich tauschte in San Michele zwei Kilogramm meiner Wolle gegen zwei Kilogramm Wolle eines braunen Schafes. Das war schon eine wunderschöne Abwechslung. Allerdings erst, nachdem ich drauf kam, unter diese Wolle ein weißes Tuch zu legen, damit ich beim Spinnen die Fadendicke trotz der dunklen Farbe kontrollieren konnte. Aber auch braun und eischalenfarbig werden mit der Zeit langweilig.

Rina war es, die mich auf die Wollefärberei in Roviso aufmerksam machte. Ich werde ihr bis an mein Lebensende dafür dankbar sein. Rina ist ein ganz spezieller Mensch. Sie behauptet zwar von sich selbst, sie bestehe aus lauter Fehlern. Sie ist wohl etwas älter als ich, hat immer hübsch gepflegte graue Haare, wache grün-blau-graue Augen. Sie trägt meist eine handgewobene Schürze, wenn sie die Kunden und Gäste des einzigen Ladengeschäftes und Restaurants in Roviso bedient. Ihr Weitblick verblüfft mich oft, auch ihr unglaubliches Talent, Leute zusammenzubringen, die für gegenseitige Freundschaft geschaffen sind.

Sie hütet die Schätze ihrer Familie. Nicht, indem sie sie versteckt, aber indem sie sie bewahrt. Sie hat die umfassendste Bibliothek über alles, was über unser Tal je geschrieben worden ist. Sei es in Büchern, die sie oft antiquarisch jahrelang suchen läßt, sei es in Zeitungen, die ihr jeder Journalist schickt, der stolz ist, in Rinas Sammlung aufgenommen zu werden.

«Rina ist der heimliche Bürgermeister von Roviso», sagte mir Guido schon vor Jahren, um sie mir zu schildern. Jetzt, wo ich sie gut kenne, sehe, was sie alles für ihr Tal tut, das auch meines geworden ist, weiß ich, daß Guido recht hatte.

«Morgen früh beginnen wir, Wolle zu färben», sagte sie

mir also, als ich meine paar kleinen Einkäufe tätigte. «Kommen Sie auch?»

Und ob! Ich hatte wohl im Kunstgewerbe-Geschäft des Dorfes die schön gefärbte Wolle bewundert, aber nicht einmal realisiert, daß die Wolle hier im Ort gefärbt worden war.

Ich fragte nach dem Ort der Färbküche.

«Ganz einfach, dort wo's raucht.»

So fand ich sie denn anderntags, die Hexen von Roviso.

Ein bißchen komme ich mir wie ein Indianer vor, wie ich über ein kopfsteingepflastertes Rumpelsträßchen dorthin gehe, wo der Rauch aufsteigt. Dort, wo ein riesiger Haufen Haseläste am Straßenrand liegt, verlasse ich das Sträßchen und steige über den Fußweg bergauf. Auf der rechten Seite träumt ein typisches Acquaverde-Häuslein vor sich hin. (Man verzeihe mir, daß ich so viele Verkleinerungsformen brauche, aber hier ist eben alles von Menschen geschaffene klein: die Häuser, die Straßen, die Brücken und Wege. Nur die Berge und der Fluß — die sind dafür um so gewaltiger.)

Das Häuslein, weiß getüncht, mit einem Steindach, ist umsäumt mit Margeriten, Feuerlilien, Rosen und Rittersporn. Ein Spaltstock steht davor, und über der Haustüre hängen eine Fischerrute und eine Sense.

Ein rot-weißes Kätzchen spielt mit etwas, das ausschaut wie ein Büschel rostroter Watte.

Auf dem Balkon im oberen Stock hat jemand quer Fäden gespannt, die bis unters Dach reichen. Das sieht aus, als ob hier eine große Spinne am Werk gewesen wäre.

Das Küchenfenster des Häuschens steht offen. Ein schwarzer Gartenschlauch hängt heraus und verliert sich um die Hausecke. Ich höre das Knistern von Feuer. Es zischt da hinten. Dampf steigt auf und mischt sich mit dem Rauch.

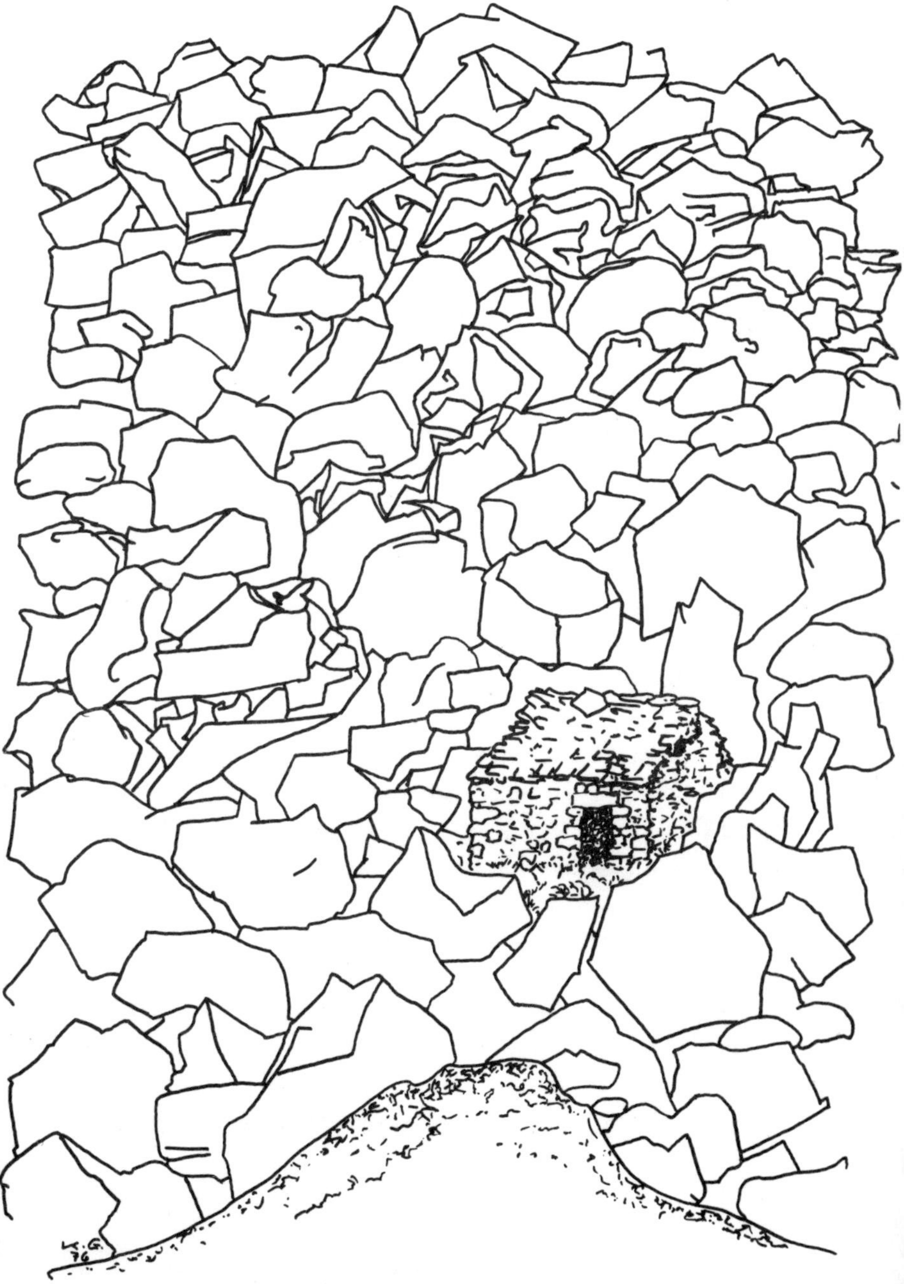

Ich folge dem Schlauch und komme auf eine kleine Wiese, die von einem großen Kirschbaum beschattet wird. Ein seltsamer Kräutergeruch liegt in der Luft, ähnlich wie in einer Apotheke, aber doch nicht ganz gleich.

Einer, der nicht weiß, was hier vor sich geht, muß unweigerlich annehmen, in eine Hexenküche geraten zu sein. An einer Stange, die rechts auf einem Apfelbaum aufliegt und links auf einem verkrüppelten Holunderstrauch, hängen vier riesengroße, rußgeschwärzte Käsekessel an schweren Kaminketten. In einem Kessel kocht irgend etwas Weißes, in einem scheint bloß Wasser zu sein, in einem etwas, das aussieht wie Gemüse. Von dort kommt auch der Kräutergeruch. Ein anderer Kessel hängt etwas abseits. In ihm brodelt etwas Rotes.

Durch die Dampfwolken erkenne ich Carla und Pierina. Beide tragen heute geblumte Schürzen und Zoccoli an den Füßen. Pierina rührt mit einer meterlangen Kelle in einem Kessel. Wenn der Inhalt überkocht, zischt ein neuer Dampfstoß. Carla geht von einem Feuer zum andern, schiebt dort ein Holzstück zurecht, legt hier eines drauf. Es ist heiß wie in einer Sauna. Die Frauen haben rot angelaufene Gesichter und wischen sich die Schweißtropfen von der Stirn. Aber die Hitze hindert sie nicht daran, mir freundlich guten Tag zu sagen. Wenn schon Hexenküche, dann eine mit lieben Hexen.

Zoccoligeklapper von der Straße: Carmelina und Adelina gehören offenbar auch zum Hexenverein. Sie tragen zwischen sich einen Korb und jede in der andern Hand einen Eimer. Ich sehe den Inhalt und halte den Atem an. Ich weiß ja, daß es Wolle ist. Aber sie so zu sehen, in der schönsten Farbenharmonie, wo jede Farbe sozusagen der andern die

Hand gibt, gebrochene Farben, die sich gegenseitig ergänzen wie die Klänge eines Orchesters. Ich muß mich beherrschen, um nicht zu jauchzen.

Die Wollstränge werden zum Trocknen auf den Tritten einer granitenen Treppe ausgebreitet. Wie ein Wasserfall rinnen verschiedene Rot-Töne herunter: Rostrot, Weinrot, Altrosa, Rosa, Orange hell und dunkel. Auf dem Balkon des Häusleins werden die Fäden mit gelben und gelbgrünen Wollpartien bedeckt. Rot auf grauem Stein, gelb vor der weißen Hausmauer, dazu die grüne Wiese, der blaue Rittersporn, die Rosen, Feuerlilien und Margeriten. Herrgott, daß es so etwas Schönes gibt!

Und als musikalische Begleitung gackert ein Huhn, meckert eine Ziege.

Carla und Pierina heben den Kessel mit dem grünen Inhalt von der Kette und stellen ihn beiseite. Kraft braucht es, um einen an sich schon schweren Kessel mit mehr als fünfzig Liter Inhalt zu zweit hochzuheben und wegzutragen.

Das Feuer unter dem Kessel mit dem weißen Zeug — es ist Rohwolle, die, wie es in der Fachsprache heißt, gebeizt worden ist — verlöscht.

Der Kessel mit dem roten Inhalt wird in einen Zuber ausgeschöpft: die Wollstränge, die Flüssigkeit und etwas, das aussieht wie Kirschensteine.

Alles, was die Frauen tun, tun sie vorsichtig, beinah andächtig und mit viel Liebe. Mit so viel siedendheißem Material umgehen, ohne sich zu brennen, kann nicht jeder.

Es sind eben doch Hexen!

Aber Hexen können Neugierige wie mich nicht so freundlich zu einem Täßchen Kaffee einladen. Die leeren Kessel werden mit Hilfe des Gartenschlauchs wieder aufgefüllt. Das dauert ein Weilchen und gibt eine verdiente Pause in der kleinen Küche. Anstatt sich auszuruhen, müssen sie nun meine vielen Fragen beantworten.

Nein, chemische Farben sind es nicht, die hier verwendet werden. Lauter solche, die die Natur gibt. Ich darf im Magazin herumstöbern. Neben einer Waage stehen Säcke mit frischen Walnußbaum- und Birkenblättern, mit Rinden, Flechten und Wurzelstücken.

«Das, was aussieht wie Kirschensteine, sind Robinienwurzeln», erklärt mir Pierina.

Ein gelbes Schulheft liegt neben der Waage. Auf jeder zweiten Seite steht ein Rezept und auf der gegenüberliegenden ist ein mit diesem Rezept eingefärbtes Wollstränglein eingeklebt. Aus «man nehme» gibt es alle nur erdenklichen Farbtöne:

— Hellgelb, gelb und gelbgrün läßt sich mit vielen Pflanzen färben.
— Gefallene Lärchennadeln braucht man für Braun.
— Tannzapfen, die vom Vorjahr her an schattigen Stellen auf der Erde lagen, ergeben Rötlichgelb.
— Apfelbaumrinde gibt tiefe Gelbtöne.
— Gelbgrün färbt man mit Kerbel.
— Grüngrau mit Frauenmantel.
— Olivgrün mit Farnkräutern.
— Lilagrau (eine todschicke Farbe) mit Birkenrinde.
— Rosarot mit Heidelbeeren.
— Schwarz mit Erlenrinde.

Einzig für die blaue Farbe braucht man eine Substanz, die heute kaum mehr in natürlicher Form erhältlich ist: Indigo.

Verschiedene Grüntöne erzielt man, indem man blaue Wolle gelb überfärbt.

Eine ganze, große, wunderbare neue Welt tut sich vor mir auf. An den meisten dieser Pflanzen gehe ich im Laufe eines Jahres vorbei. Von verschiedenen weiß ich, daß es Heilpflanzen sind, aber daß sie das Geheimnis der Farbe in sich bergen, das lehren mich nun die Hexen von Roviso.

Die Harmonie entzückt mich am meisten — und dabei ist sie so logisch. Alles, was Natur ist, ist harmonisch. Der Körper einer Katze, der Tanz eines Lämmchens, die Form einer Vogelfeder, einer Schneeflocke, die Bewegung eines Lärchenastes, in dem der Wind spielt...

Ich sitze auf dem unbequemen Küchenstuhl und sinniere diesen Dingen nach.

«He», ruft Pierina, «nicht schlafen, arbeiten! Wasserhahn zu, der Kessel läuft über.» Ich schäme mich. Kaum habe ich meine Hilfe angeboten, mache ich schon etwas falsch.

Dabei freue ich mich so, daß ich mithelfen darf. Wie ein Lehrling am ersten Tag der Lehre muß ich die einfachsten Arbeiten verrichten. Als da sind: Wasserhahnen auf- und zudrehen, portionenweise immer zwei Kilogramm Wolle abwägen, und — gleich für den ganzen Rest meiner verfügbaren Arbeitszeit — Holzäste zersägen und zur Färbküche hochtragen.

Im Laufe der Woche rücke ich auf zur Waschfrau. Die gefärbte Wolle wird gewaschen, dann vier-, fünf-, sechsmal gespült. Die Arme tun mir am Abend weh, weil sich die Wollfasern ineinander verfilzen und mit Kraft immer wieder auseinandergezerrt werden müssen. Und die Haut der Hände tut weh, und der Rücken schmerzt, vom Bücken, Heben und Tragen.

Aber was macht's. Wenn ich auf die vielen Säcke schaue,

die sich allmählich auftürmen, dann bin ich, genau wie die andern, zufrieden. Die Mühen sind vergessen.

Letzte Schweißtropfen kosten nach dreiwöchiger Arbeit die Putzarbeiten. Die Kessel müssen mit Sand blitzblank gereinigt werden.

Wie in einer kleinen Prozession tragen meine vier Mit-Hexen (jetzt bin ich auch eine, ha!) sie in einen Lagerraum. Zurück auf der Wiese unterm Kirschbaum bleiben das rotweiße Kätzchen, das mit ein paar gelben Wollfäden spielt und ich. Ich sitze da, mit einer neuen, nachdenklichen Ehrfurcht vor etwas vollendet Schönem, von dem ich kleines Menschlein nicht weiß, ob ich es Natur nennen soll oder Schöpfung oder einfach ein Wunder, das eigentlich für alle da wäre.

Und an dem ich ahnungslos vorbeiging, bis ich neugieriger Lehrling bei den Hexen von Roviso wurde.

*

Mein Enthusiasmus für die Wollfärberei ist so groß, daß mir scheint, ich müsse allen Leuten zurufen:

«Kommt doch und schaut, wie schön das ist. Und freut euch mit mir daran!»

Wie erreicht man ein möglichst großes Publikum?

Durch das Radio!

Also setze ich mich hin, schreibe einen Bericht, schicke ihn ein. Er wird angenommen. Ich soll selbst erzählen. Und zwar in einer Direktsendung aus dem Radiostudio der Schweizerischen Mustermesse in Basel.

Schriftdeutsch ist meine Schreibsprache. Lese ich aber vor, dann ch-ratzt und ch-norzt mein schweizerdeutscher Akzent

an allen Kanten. Folglich muß ich ein schweizerdeutsches Manuskript abgeben.

Noch nie habe ich so lange an ein paar Seiten gearbeitet. Es ist unglaublich schwer, in einer Sprache zu schreiben, die keine Orthographie und — am schlimmsten — keinen Vokal zwischen A und E hat, den ich für meine Mundart brauche.

Die Radiosendung ist nachmittags um zwei Uhr. Das Mustermesse-Menschengewimmel brodelt um mich herum. Ich melde mich, werde in ein Wartezimmer geführt, fast wie beim Zahnarzt, dann ins Studio. Ein paar Tische, ein paar Stühle, ein paar Mikrofone, eine große Uhr. Und mittendrin sitze ich ganz allein, schaue durch Glasscheiben auf unendlich viele Gesichter, die sich draußen drängen. Ein paar machen Grimassen, meine Freundin Helen winkt aufgeregt. Mein Bruder lächelt mir aufmunternd zu.

Eines weiß ich nun ganz sicher: Wie es einem Affen im Käfig zumute ist!

Ich muß warten, bis die Nachrichten verlesen worden sind, bis der Sprecher mich angesagt hat. Dann lese ich meinen Bericht von den Seiten, die jede einzeln in Plastic-Hüllen gesteckt worden sind, damit sie am Mikrofon nicht rascheln.

«Sprechen Sie langsam», hat die Redaktorin der Sendung geraten. «Ihr Bericht ist ein bißchen zu kurz, um die vierzig Minuten der Sendung zu füllen. Aber geben Sie acht, daß Sie trotzdem rechtzeitig fertig werden.»

Ich konzentriere mich wie kaum zuvor: Langsam sprechen, nicht stottern, sich nicht räuspern, nicht «äh» sagen, zwischenhinein auf die Uhr blicken, feststellen, daß die Zeit wahrscheinlich doch zu knapp wird. Schneller sprechen, aber nicht haspeln. Irgendwie taucht eine panische

Angst auf, nicht mehr genug Luft zum Atmen zu haben. Auch noch diese Angst beherrschen. Niemand, gar niemand soll merken, daß ich die blutigste Radio-Anfängerin bin!

Ich glaube, ich habe es geschafft. Ich unterschreibe eilig, mein Honorar plus Spesen erhalten zu haben, rase auf den nächsten Zug und füttere am Abend, leicht verspätet, meine Tiere. Erst dann realisiere ich, daß ich vergaß, Lampenfieber zu haben.

Zwei, drei Tage später gesellen sich zu den üblichen paar Leserbriefen auch noch die Radiohörer-Briefe. Mit den abenteuerlichsten Adressen.

Einem Fehler in meiner Plauderei verdanke ich es, daß die in der Schweiz wohl bekannteste Pflanzenfärberin mit mir in Kontakt tritt:

«Ich habe nach Ihrer Radio-Sendung versucht, Wolle mit Robinien-Wurzeln rot zu färben. Ob ich sie zuerst mit Chrom, mit Alaun, mit Weinstein oder überhaupt nicht beizte, was herauskam, war höchstens ein schmutziges Hellbraun. Dabei habe ich mir die Wurzeln extra aus dem Tessin besorgen lassen, habe sie eingeweicht, eine ganze Woche lang, kleingehackt und zerquetscht, sogar die Haut davon extra behandelt.»

Habe wohl ich etwas falsch gemacht? Ich hole mir den Schlüssel zum Färbmaterial-Magazin, sehe die Aufschrift der Tüte mit den Kirschkern-artigen Wurzelstücken an. «Rubia tinctoria» steht da. Nicht Robinia (Robinia ist eine im Tessin weit verbreitete, beinahe unkrautartig wachsende Scheinakazie). Dann schaue ich in einem meiner Botanikbücher nach. Rubia gleich Krapp. Krapp ist die Färbpflanze, mit der die Franzosen einst die Hosen ihrer Soldaten rot färbten.

Ich beeile mich, einen erklärenden Entschuldigungsbrief

zu schreiben. Daraus ergibt sich eine fachsimpelnde Korrespondenz.

Es scheint, wie jene Pflanzenfärberin in ihrem Buch schreibt, als ob ein pflanzengefärbtes Wollfädchen rings um die Erde ginge und alle diejenigen zusammenknüpfe, die sich für die Farbgeheimnisse der Natur interessieren. Dieses Fädchen scheint sehr, sehr alt und beständig zu sein. Wie käme es sonst, daß Beduinen, wie Indianer, wie Mexikaner, Schotten, Franzosen, Schweden, wie die Frauen von Roviso zum Teil sehr ähnliche Rezepte haben, um die Wolle ihrer Schafe zu färben?

*

Wenn man jemanden kennt, der jemanden kennt, dann läuft man Gefahr, bekannt zu werden. Oder andersherum: Wo Radio, da Fernsehen — oder umgekehrt. Bei mir war es so, daß jemand vom Radio dem Fernsehen einen Tip gab. Einen Bericht wollten sie machen über «Eine Stadtfrau probt das Landleben».

«Proben» gefiel mir zwar nicht. Da gab's nie etwas zu proben. Das war von Anfang an definitiv — nur ganz anders, als ich es mir vorgestellt hatte.

Wir besprachen die Sendung. Dann bekam ich einen Drehplan. Zum Beispiel waren vorgesehen:
Vierzig Sekunden: Postgang.
Fünfzig Sekunden: Eier-Einsammeln im Dorf.
Eine Minute, fünfundvierzig Sekunden: Gemeinsames Spinnen mit Frauen des Tals.
Fünfzig Sekunden: Glockenspiel im Kirchturm von Froda.
Fünfzehn Sekunden: Hühner füttern.

Dito: Kaninchenfüttern.
Fünf Minuten: Interview.

Keine Ahnung habe ich, wie im Fernseh-Jargon die einzelnen Ämter betitelt werden, aber ich wurde mit vielfältigen Aufgaben überhäuft:

Ich trommelte die benötigten Mitspieler zusammen, vom Glöckner bis zur Spinnerin, sorgte für die Unterkunft der dreiköpfigen Equipe, beschloß, selbst für sie zu kochen, da Froda kein Restaurant mehr hat, seitdem der Wirt des einzigen hiesigen Etablissements auf den Kellner schoß. Ich flehte Bona und die Katzen um freundliche Mitwirkung an und, ja, Darsteller war ich schließlich auch noch.

Die zweieinhalb Drehtage — hätte ich Zeit gehabt, alles zu notieren —, sie würden ein Buch füllen.

Es begann mit dem Frühstück, das ich um halb acht Uhr in meinem Garten servierte. Mit frischem, selbstgebackenem Brot, selbsteingemachter Marmelade, Käse von der Froda-Alp, duftendem Kaffee auf schöngedecktem Tisch. Aber die Armen, Armen schlotterten sich in ihren schicken, nappaledernen Reporterjäckchen beinahe zu Tode, währenddem ich in meinem selbstgesponnenen Pullover lächelnd frische, weiche Eier servierte.

Wir zogen um ins Wohnzimmer. Dort war's noch kälter — nach ihrem Begriff. Und ich hätte mich selbst ohrfeigen können, weil ich nicht mehr an die verfeinerten Bedürfnisse eines Stadtmenschen dachte.

Ach, und wie wir ächzten, stöhnten und lachten, bis wir den Kameramann mit seinen gut und gern einhundert Kilogramm Lebendgewicht mitsamt den Scheinwerfern, mit Ton gekoppelten und ungekoppelten Kameras über die steilen Leitern auf den Glockenturm gehißt hatten!

Ich war derart vielseitig beschäftigt, daß ich sowohl fernsehgerechtes Make up als auch einigermaßen anständige Kleidung vergaß. Nicht einmal gekämmt habe ich mich zum Interview.

Ich saß in der Ecke meines Divans, beantwortete Fragen des Regisseurs, als mein Nachbar Leo hereinplatzte, um Eier zu kaufen. Ein Scheinwerfer stürzte krachend um. Es gab Kurzschluß. Sissi, Fritzli und Tintin spielten mit den herumliegenden Kabeln und rissen die restlichen Lampen herunter.

Trotzdem gab es eine nette Sendung.

Das Hübscheste dabei waren meine Tiere. Die spielten mit wie alte Profis. Hätten sie die Frage beantworten müssen, die der Regisseur mir stellte, sie hätten sie gleich beantwortet:

«Gefällt Ihnen das Leben, das Sie jetzt führen?» fragte er nämlich.

«Ja», sagte ich. «Ja, es gefällt mir so, daß ich mit keinem Menschen der Welt tauschen möchte.»

Mehr kann keiner wollen.

Hätte mehr Sendezeit zur Verfügung gestanden, so hätte ich noch gesagt:

«Da bin ich also vor etwas mehr als fünf Jahren ausgezogen. Weg von der Stadt und weg vom Luxus, aber immer noch von der Idee des Viel-Geld-Verdienens befangen. Ich plante, aus einem verlassenen Weiler ein Feriendorf zu machen. Mit anderen Worten: ich wollte mir schließlich vom Tessiner Touristik-Kuchen ein Stück abschneiden.

Und was ist daraus geworden?

Die Aufgabe, die ich mir stellte, war für eine alleinstehende Frau, deren richtiges Leben mit über Vierzig begann, zu schwer.

«Gib auf», schrieb damals Onkel Arthur. «Gib auf, obwohl es oft schwerer ist, kein Held zu sein.»

Ich habe jenen Plan aufgegeben, bin nach Froda zurückgekehrt, wo meine Liebe zum Tessin begonnen hatte, und bin ganz sacht und leise ins Leben einer schreibenden Bäuerin — oder einer bauernden Schreiberin hineingerutscht.»

Anstatt vom Touristik-Kuchen schneide ich mir heute ein Stück Tessiner Bauernbrot ab.

Ich lebe in einer Weise, die für andere vielleicht entbehrungsreich und mühsam scheint. Aber es gibt Tage, an denen ich mich in den Arm kneife, und an denen ich zum innern Stimmchen sage:

«Du?»

«Was ist?» sagt es.

«Wir sind im Tessin!» sage ich. «Hörst du Marinos Glocken-Bimbam, den Ruf des Truthahns, das Zwitschern der Vögel?»

«Ja», antwortete das innere Stimmchen. «Weißt du, was ich bin?»

«Ich glaube ja», sage ich. «Ich auch.»

«Dann ist es gut», gibt mir das innere Stimmchen zur Antwort. Denn laut dürfen wir das, was wir sind, nicht sagen, sonst werden die Götter neidisch. Ich bin sogar so abergläubisch, daß ich es nicht einmal zu schreiben wage.

Aber Ihr, liebe Alle, Ihr wißt, was ich meine.

Und in diesem Sinne bin ich

mit herzlichen Tessiner Grüssen
Eure

Kathrin

P.S. Die Bandella heißt Ritabam.

Telegramm:
«muellerverlag rueschlikon bestaetige dankend honorarempfang stop band drei entwurf fertig stop ein esel und zwei milchschafe bestellt stop tessiner gruß kathrin ruegg»

*

Noch ein Telegramm:
«zur vermeidung von leserbriefen mit fragen empfehlen eselschafkapital stop zweiwochenfrist stop neugieriger muellerverlag»

Dieses Telegramm war notwendig, weil ich telefonisch kaum mehr erreichbar bin. Aber Ohgottohgott, was hat der liebe Verlag mir damit angetan, wo ich doch absolut keine Zeit mehr habe, um irgend etwas zu schreiben. Weder Briefe noch Sonstiges.

Es ist endlich Frühling geworden. Und so wie der Winter heftig war, sind es hier auch die übrigen Jahreszeiten. Sie platzen sozusagen aus den Fugen. Freilich, alles ist heuer viel zu spät. Mein Waldmeister wird wohl erst gegen Ende Mai zu blühen beginnen. Nun ja, dann gibt es eben Junibowle. Die wird auch gut schmecken.

Aber ich sollte Kartoffeln setzen, viele Samen der Erde anvertrauen. Die Petunien rings um die verschiedenen Terrassen sind bereits gepflanzt und müssen gegossen werden. Ich sollte auch die Estragon-, Liebstöckel-, Salbei- und Zitronenmelisse-Stöcke teilen.

Die Tulpen hat meistenteils Pierino gefressen. Auch Hyazinthen mag er gern. Kitti und Kätti dagegen halten sich lieber an Phlox und Aubretien.

???

Pierino. Bitte, Ihr wolltet es mir alle miteinander nicht glauben und wart alle der Ansicht, mein Gerede von Schafen und einem Esel sei bloß Gerede. Aber heute kann ich das Gegenteil beweisen.

Ich habe, was ich mir seit Jahren wünschte. Ein Pony wurde mir als Kind einmal versprochen, als ich sehr krank war. Ich habe es nie bekommen. Seit fünf Jahren schon wünsche ich mir einen Esel und nun, hurra, habe ich ihn. Und, lacht mich aus, wenn ihr wollt, er ist der süßeste Esel, der je den Boden von Froda-Ost betreten hat. Ich garantiere dafür.

Sein Steckbrief:

Name: Herold

Vorname: Pierino

Geburtsdatum: sechzehnter Mai neunzehnhundertsechsundsiebzig

geboren in: Mauss-Gümmenen bei Bern

Zivilstand: Zwergesel-Hengstfohlen

Berufe: Schüler, Lausbub, Gehilfe, Wächter, Trompeter

Größe: 90 cm Stockmaß

Augen: lieb, sanft und übermütig

Haare: mittelbraun und wollig, dunkles Eselkreuz.

Rings um die Augen, in den Ohren und Nüstern hell.

Vom ursprünglichen Plan, in Minusio, dem früheren Eselzucht-Zentrum des Tessins, einen Esel zu kaufen, war ich wieder abgekommen. Die Gewichte, die mein Tier zu tragen hatte, waren nicht enorm. Dreißig Kilogramm waren schon viel. Die Heubündel konnte ich auch etwas kleiner machen.

Ein Tessiner Esel vermag aber achtzig Kilogramm zu tragen. Er frißt auch mehr als ein Zwergesel. Hoffentlich allerdings war und blieb das Tier, das ich zu kaufen gedachte, ein Zwerg. Ich kenne einen netten Ehemann namens Fridolin. Der schenkte seiner Marta einen Leguan, zweiundzwanzig Zentimeter lang.

«Was wird», so fragte besagte Marta, «wenn der Leguan wächst und wächst?»

«Mach dir keine Sorgen», tröstete Fridolin, «er ist ein Zwergleguan.»

Heute ist jener Zwergleguan einhundertfünfzig Zentimeter lang.

Aber nicht nur das Zwergproblem beschäftigte mich. Ich hatte zwei ganz bestimmte Vorstellungen: Ich wollte ein möglichst junges Tier, am liebsten ein gerade der Mutter entwöhntes Fohlen, und zudem eines, das mit Schafen zusammen aufgewachsen war.

Mein Glücksstern oder ein eselfreundlicher Heiliger kam mir zu Hilfe:

Ich habe schon seit Jahren eine drollige Zeitung für Tierfreunde abonniert. Am lustigsten sind die Inserate, an denen ich mich wöchentlich ergötze und bei denen ich oft daran herumrätsele, was eigentlich da angeboten oder gesucht wird.

In der Rubrik «Kaninchen» gibt es immer wieder Anzeigen etwa folgenden Inhaltes:

Sch. Sch.
0,1
94,5 P.
Tel. . . .
ab 18.30 h.

Im Klartext heißt das, daß jemand einen Schweizer Scheckenrammler, der auf einer Ausstellung mit 94,5 Punkten bewertet wurde, zu verkaufen hat und abends ab 18.30

Uhr telefonisch darüber Auskunft gibt. Aber wer versteht solche Geheimsprachen schon? Nur Kaninchenzüchter unter sich.

Und wer, sei er nun Schaf- oder Wellensittichzüchter, kann mir sagen, was ein «Mostfritz» ist, den jemand günstig zu verkaufen hat. Aber nur an Selbstabholer.

Und ist es nicht rührend, wenn ein «ehrbarer Kleintierzüchter mit eigenem Heim eine ebensolche fromme Tochter (auch mit Kind angenehm) kennenzulernen sucht. Spätere Heirat nicht ausgeschlossen».

Das Inserat, das mich zum Telefonhörer greifen ließ, war ganz einfach und ganz klar geschrieben. Es lautete schlicht:

«Zwergeselfohlen zu verkaufen. An Kinder und Schafe gewöhnt.» Es folgte eine Telefonnummer.

Ich mußte sie so oft drehen, daß ich sie zuletzt auswendig konnte. Aber schließlich schaffte ich es. Offenbar wollten noch mehr Leute ein solches Tier.

Nach einem halbminütigen Gespräch wußte ich schon, daß ich m e i n Eselchen gefunden hatte. Ich mußte ihm nicht ins Maul schauen, und ich brauchte auch keine Fotos.

Es gehörte jemandem, der aus Hobby solche Tiere züchtet. Die besorgten Fragen sozusagen nach Kost und Logis, die ich dem Tier bieten könne, sagten mir mehr als andere Erklärungen, daß da jemand ein geliebtes Tier weggeben mußte. Der Herr wollte wissen, ob ich genügend Heu habe, ob eine schöne Wiese vorhanden sei und ein rechter Stall, und wieviel der Esel tragen müsse. Und natürlich, ob ich ihn liebevoll behandeln werde. Geliebte Tiere werden auch gut gehalten. Diese Garantie hatte ich offenbar hundertprozentig.

Das Eselchen war teuer. Auch das war, abgesehen von meinem Geldbeutel, ein positiver Punkt. Auch ich verkaufe meine Kaninchenfamilien teuer. Dies gibt eine gewisse Garantie, daß sie gut gehalten werden.

Um über mich selbst eine Referenz zu geben, sandte ich dem Eselbesitzer mein erstes Buch, in dem drinsteht, wie sehr ich mir einen Esel wünsche.

Wir wurden schließlich handelseinig. Herr May — so hieß der Besitzer — wollte das Tier per Bahn bis Bellinzona spedieren, aber selbst mitreisen. Die restliche Wegstrecke wurde dank Luzi überwunden. Er mietete einen kleinen Lastwagen, fuhr von seinem Wohnort extra nach Bellinzona. Eine andere Transportmöglichkeit gab es nicht. Sämtliche Transportfirmen des Tessins waren zu jener Zeit ausgebucht. Sie mußten Schafe und Ziegen auf Alpen befördern.

Wie gut meint es das Schicksal mit mir, daß ich einen solchen Bruder habe. Ohne seine Hilfe wäre mein jetziges Leben viel schwieriger — in vielem gar unmöglich.

Das Eselchen hatte bereits einen Namen:

Herold.

Nun kam wiederum ein Problem. Herold war viel zu deutsch. Ich wußte, daß ich bei verschiedenen Leuten von Froda auf Widerstand stoßen würde, weil ich so verrückt war, einen Esel anzuschaffen. Vor Emilias Kommentaren war mir schon bange.

Mehr Sympathie würde Herold haben, wenn er einen italienischen Namen trüge. Alle meine Katzen haben einen Vor- und einen Nachnamen, weil sie dann besser zu umschreiben sind. Susi war nicht nur Susi, sondern Susi Stäubli. Und Bimbo Seidenglanz, und Tinchen Dreckspatz, Fritzli Goldschatz, Sissi Seidenglanz und Peterli Schwarz. Alle *brauchten* zwei Namen.

Dazu kam nun eben Pierino Herold. Eine Zeitlang hatte

ich geschwankt zwischen «Nello» und «Pierino». «Eselchen» heißt auf italienisch «Asinello». Nello wäre also hübsch gewesen. Vielleicht war es aber einem prominenten schweizerischen Alt-Bundesrat gegenüber despektierlich, wenn ich meinen Esel mit seinem Namen versah. Und das wollte ich keineswegs. So kam ich denn wieder auf «Pierino».

Pierino ist die gleiche Witzfigur im Italienischen wie der «kleine Hansli» in der deutschen Schweiz und der «kleine Moritz» in Deutschland. Das war für ein Eselchen gerade richtig.

Und seinen Namen kann man singen:

Pieee-riii-nooo!

Heute schon, nach genau einer Woche seines Hierseins, weiß ganz Froda, daß mein Esel Pierino heißt. Und wenn er meine Stimme hört, hebt er den Kopf und verkündet wie ein richtiger Herold zur Ritterzeit, daß er sich nach mir sehnt.

«Die Grundmauern von Froda erzittern trotz der Steindächer, wenn dein Vieh dich ruft», sagt Emilia und schaut Pierino verächtlich an.

«Wenigstens hat er einen rechten Namen.»

«Sei brav», sage ich zu Pierino, der hinterrücks an Emilias Schürzenzipfel knabbert.

«Jetzt sei aber so gut und lehre dein Mulo Italienisch. Das geht einfach nicht, daß du mit deinen Tieren immer deutsch sprichst.»

Da sind wir wiederum bei unserm alten Streitpunkt angelangt. Emilia will es nicht in den Kopf, daß auch Tiere bilingue, zweisprachig, aufgezogen werden können. Oder andersherum gesagt, daß der Ton einer Stimme zählt, nicht das Wort.

Abends gehe ich zu Gualtiero, um mich zu erkundigen, wieviel ich an die Bürgergemeinde bezahlen muß, wenn ich meine Tiere auf der Allmend weiden lasse.

Gualtiero lacht.

«Ventitre centesimi per ogni pecora, e la stessa somma per il tuo asinello — dreiundzwanzig Rappen für jedes Schaf, und die gleiche Summe für dein Eselchen. Aber wir verzichten auf die Bezahlung. Die Administrationskosten wären zu hoch.» Gualtiero ist Sekretär der Bürgergemeinde.

«Dreiundzwanzig Rappen», rechne ich. «Eigentlich teuer, wenn man das mit etwa zweihundertzwanzig Tagen multipliziert, an denen die Tiere im Jahr auf die Weide gehen können.»

Dann erklärt mir Gualtiero aber, daß diese Taxe einmal pro Jahr für jedes Tier erhoben würde. Daß es sich nicht lohnt, mir für insgesamt neunundsechzig Rappen eine Rechnung mit Einzahlungsschein ins Haus zu schicken, leuchtet auch mir ein.

Nun gehe ich also daran, Pierino, Kitti und Kätti zu erziehen. Gut ist es, daß ich eselgewohnte Schafe habe. Das macht vieles einfacher. Es genügt schon ein nichteselgewohnter Hund. Bona ist eifersüchtig auf Pierino. Bei seiner Ankunft bellte sie aufgeregt und versuchte, ihn an den Fersen zu packen. Ein blitzschneller Hufschlag war die Quittung. Bona, die noch nie in ihrem Leben einen Tritt bekommen hat, verzog sich jaulend und maulend im Haus. Ich mußte ihr lange gut zureden, bis sie sich einigermaßen beruhigte. Nun betritt sie weder die Wiese noch den Stall, und auch auf die Weide kommt sie nur widerwillig mit. Es stört sie gewaltig, daß Pierino uns nun auch auf dem Postgang begleitet. Er läßt sich geduldig das rote Halfter über die Ohren ziehen und folgt mir — so wie ein braves Eselchen seiner Herrin zu folgen hat.

Am Wegweiser beim Fluß binde ich ihn an. Über die Hängebrücke zu gehen, macht ihm noch keinen Spaß. Und dann bekommt Froda sein Morgenkonzert zu hören. Zuerst gibt er Töne von sich wie ein Motorfahrrad, dessen Motor nicht anspringen will. Dann widerhallen die Berge, wackelt die Brücke, lachen die Leute von Froda, weil Pierino nach mir ruft. Gestern nahm ich das Halfter bloß in die Hand. Pierino folgte mir genau gleich brav. Ich schloß vorsichtshalber das Türchen der Brücke. Er stellte sich nebendran auf und wartete trompetend, bis ich zurückkehrte.

*

«Milchschafe gedeihen hier nicht», sagte Odivio, als ich ihm vor zwei, drei Monaten von meinem Schafeplan erzählte. Ich hatte zwei Gegenargumente, ein theoretisches und ein praktisches.

Über Milchschafzucht und -haltung gibt es ein vernünftiges Buch. Es ist von einer Frau geschrieben. Jede einzelne Seite strahlt Liebe zu diesen Tieren aus und ist gleichzeitig gespickt mit praktischen Hinweisen und Anregungen.

Und das praktische Argument: ich weiß, wo ich genau die richtigen Tiere kaufen kann. Bei Lotti und Beat. Sie sind Deutschschweizer, wohnen in den steinigen Wäldern in der Nähe von Bellinzona, tun etwa dasselbe wie ich, nur daß sie ein paar Jahre länger hier sind.

Von den beiden habe ich einen meiner ersten Leserbriefe erhalten. Sie fanden, es wäre nützlich, wenn wir unsere gegenseitigen Erfahrungen austauschen könnten, erzählten mir dabei auch von ihren Schafen. Derartige Kontakte zu finden, ist der große, übergroße Vorteil von jemandem, der schreibt.

Damals war mein Entschluß schon gefaßt, daß ich Milchschafe wollte und daß ich die Tiere bei Beat und Lotti kaufen werde. Dann waren es Lämmer, die an einem Ort aufgewachsen waren, der so steil und steinig ist wie die Weiden und Wälder von Froda. Sie stammen von Tieren ab, die ihre flache, ostfriesische Heimat schon vor Jahrzehnten mit den schweizerischen Hügeln und Hängen vertauscht haben.

Ob nun Odivio recht hat oder ich, das werden wir sehen. Spätestens im nächsten Februar, wenn sie zum erstenmal lammen werden. Zwillings- und Drillingsgeburten seien bei dieser Rasse die Regel. Wenn dem so ist, werde ich Bruno und Luzi wieder einmal zur Hilfe rufen müssen, um die Ställe zu vergrößern.

Vorläufig sind die Schafe noch Kinder. Sie sind viel zahmer als die hiesigen Alpschafe, haben weder vor Leuten noch vor Hunden Angst, geben Antwort, wenn ich sie rufe. Ihre Stimmen würde ich jetzt schon aus einer großen Herde heraus kennen. Sie sind heller, sozusagen wehleidiger. Und anstatt «Mäh» rufen sie «Möőö».

Ihr Transport von Bellinzona nach Froda war ein Abenteuer. Lotti war der Ansicht, sie könne die Tiere einfach in einen Waschzuber stellen, welcher in meinem Mini-Kombiwagen gut Platz hätte.

Es verstrichen aber vierzehn Tage, bis ich Zeit hatte, den Transport durchzuführen. Unterdessen waren die Schafe so sehr gewachsen, daß die Waschzuber zu klein waren.

Lotti und ich bastelten gemeinsam eine Art Käfig aus einer alten Obstkiste, die wir oben mit einem Gitter versahen, das von einem Papageien-Transportkäfig stammte. Fast eine Stunde verging, bis wir die erste Kiste bereit hatten. Wir verflochten das Gitter und die Kiste mittels eines Plastic-Wäscheseils schön ordentlich. Das brauchte Zeit. Und ich wurde langsam nervös, wollte endlich heim, weil ich die Fütterungszeiten meiner Tiere möglichst genau einhalte.

Wir setzten das erste Lamm in die Kiste, verschlossen auch die letzte Öffnung, hoben die Kiste auf und — Krach — die Bodenbretter zersplitterten, das Lamm stand einen Augenblick benommen da — und rannte davon. Wir zwei hintendrein. In der Eile vergaßen wir, die Stalltüre zu schliessen. Hinter uns her rannten die Schafmama mit dem andern Lamm, ein zweites Schaf mit Kind, die Eselin Cora. Alles mitten durch einen Gemüse- und Rosengarten.

Beat — so sind eben Männer — beteiligte sich nicht an der Jagd. Er saß auf einem Stein in der Mitte der Arena und hielt sich die Seiten vor Lachen.

Schließlich stellten wir die beiden Tiere einfach ins Auto und zurrten sie irgendwie links und rechts fest. Mein Auto ist kein Luxuswagen. Es hat schon Zement, Steine, Dachtraufen, Bodenbeläge, Möbel, Mist, Heu und Hunde transportieren müssen. Da schadet ihm auch ein bißchen Lämmchenpipi nicht.

Ich fuhr so sanft wie der Fahrer eines Ambulanzwagens, ging weich in die Kurven, schaltete ganz vorsichtig. Meine beiden Passagiere legten sich auf den Boden und schienen ganz zufrieden zu sein.

Bis wir in Froda anlangten.

Das Auto zu verlassen, gefiel ihnen gar nicht. So mußte ich denn zweimal zweiundzwanzig Kilogramm sich wehrendes, sträubendes, zappelndes, blökendes Schaf losbinden und herausheben. Ich hielt jedes der Tiere an seinem Strick fest. Vier Schritte weit gingen wir, da waren die Stricke schon hoffnungslos ineinander verwirrt und eines der Tiere legte sich nieder. Es wollte nicht mehr. Weder vorwärts noch rückwärts. Ich band das zweite, das mir intelligenter schien, an einer Parkierverbotstafel fest. Hoffentlich war wenigstens das Parkieren von Schafen hier erlaubt. Das andere nahm ich, so gut das ging, auf die Arme und trug es über die Hängebrücke. In der Brückenmitte merkte ich, daß uns etwas folgte, denn sie zitterte bedenklich. Es war das zweite Schaf, das sich losgerissen hatte.

Irgendwie schubsten und stubsten wir uns alle drei bis ans Ufer. Ich band das intelligentere Schaf nun an den Strick und das dumme folgte brav hintendrein. Das ging ganz ordentlich.

Wir begegneten Emilia.

«Was hast du dir denn für kuriose Tiere angeschafft?» fragte sie entsetzt. «Nein, sowas, Schafe mit nackten Beinen und nackten Schwänzen, und mit so entsetzlich langen Ohren. Daß du doch immer alles anders als andere machen mußt.»

«Das sind Milchschafe», erklärte ich ihr. «Solche, die man melken kann.»

«Möôö», bestätigte das Gescheitere, das Kätti heißt.

«Werden mal sehen», sagte Emilia. «Häßlicher als meine sind sie auf jeden Fall.»

Ich streite nie mit Emilia, weil ich doch den kürzeren ziehe. Aber meine Lämmchen hätte ich doch gern verteidigt.

Der Unterschied zwischen einem ostfriesischen Milchschaf und einem schweizerischen Alpschaf ist etwa gleich groß wie derjenige zwischen einem Araberpferd und einem

Ackergaul. Wobei ich letzteren mindestens so gut mag.

Möglicherweise geht es mir aber nur wie einer Mutter mit ihren Kindern: «Meine Kinder sind die hübschesten und liebsten.»

Die beiden Lämmer beschnupperten ihren neuen Stall, den ich gefegt, desinfiziert und mit Strohstreue versehen hatte. Wäre ein Stromanschluß da gewesen, hätte ich ihn vielleicht auch noch mit dem Staubsauger gereinigt.

«Herzlich willkommen bei uns», sagte ich. «Macht mir nun Ehre und laßt mich nicht im Stich.»

«Möőö», sagten Kitti und Kätti im Sprechchor.

Was das genau heißt, werde ich noch lernen müssen.

Ein bißchen mache ich es wie die Amerikaner mit ihrem Raumfahrtprogramm. Ich führe meine Versuche — sei es nun der Bau eines Feriendorfs oder die Haltung von Milchschafen — öffentlich durch. Dabei laufe ich Gefahr, gestehen zu müssen, daß es schließlich schiefgegangen ist.

Aber wenn mir alle den Daumen halten, muß es doch gelingen!

*

Unser Weidegang wird jedesmal ein kleiner Appenzeller Alpaufzug, auch wenn er im Tessin stattfindet: zuvorderst Kätti und Kathrin, dann immer in der gleichen Reihenfolge: Pierino, Kitti, Bona, dann die Katzen: Fritzli, Sissi, Tintin und als schwarzes, brandschwarzes Schlußpünktchen Peterli. Wir wandern zum Fluß und dann aufwärts über die schöne, grüne Wiese, die großartig «Piazza delle armi — Waffenplatz» heißt. Dort verziehen sich die Katzen. Freie Wiesen haben sie nicht gern. Es ist vorsichtiger, sich in der Nähe von Bäumen aufzuhalten.

Ich setze mich auf einen Stein, halte Kätti an der langen Leine, Pierino und Kitti lasse ich frei. Die drei sind schon so aneinander gewöhnt, daß die beiden Freien beim Angebundenen bleiben.

Möglicherweise genügt auch der verlockende Inhalt meines blauen Kesselchens — Kleie und eine Prise Viehsalz —, daß sie sich nicht weit von mir entfernen.

Ich habe den Schreibblock bei mir. Mein so dringend gefragtes Esel- und Schafkapitel wird rascher fertig, wenn ich auch die Hirtenzeit ausnütze. Wenn das Buch fertig ist, werde ich einen Strickstrumpf mitnehmen. Vielleicht lehrt mich auch Adelina, wie man mit der Spindel spinnt. Das taten die Frauen früher, wenn sie Vieh hüteten.

Wenn ich das tue, dann bin ich wohl auf dem Urgrund der lieben, warmen Erde angelangt!

Vorläufig wird aber also geschrieben. Ich schaue um mich und fühle mich so, wie Kurt Tucholsky das einmal so wunderschön ausgedrückt hat:

«Ich sitze auf einer Wiese und baumle mit der Seele.»

Heute ist ein Bilderbüchleintag. Nach einem heftigen Regenguß hat es aufgeklart. Die Bergspitzen sind weiß, der Himmel so blau, daß es blauer nicht mehr geht (mein Gott, gibt es nicht eine ganz ähnliche Waschmittelreklame?). Der grüne Fluß hat weiße Schaumkronen, die Birkenstämme leuchten silbern durchs Laub. Schön kann die Welt sein!

Pierino trompetet. Da kommt jemand. Esel sind hervorragende Wächter und geben ihre Signale noch lauter von sich als ein scharfer Hund.

Ein Paar tritt aus dem Wald. Er mit großem Fotoapparat um den Hals, sie schick gekleidet. Sie sprechen Hochdeutsch.

«Sieh mal die Frau mit dem Esel und die beiden Schafe. Das wär ein malerisches Bild. Ob sie sich wohl knipsen läßt?»

«Och, die merkt das doch kaum — oder sie ist es gewöhnt, hierzusitzen und geknipst zu werden.»

«Na, so dumm scheint sie auch wieder nicht zu sein. Obwohl es kaum viel Intelligenz braucht, um Esel und Schafe auf die Weide zu bringen.»

Soll ich nun wütend werden und den beiden zeigen, daß ich sogar so intelligent bin, daß ich Deutsch verstehe?

Oder soll ich neugierig abwarten, wie es weitergeht?

Wie immer siegt die Neugier.

Der Mann macht mir mit Gesten verständlich, daß er uns fotografieren möchte. Ich nicke, rufe Pierino und Kitti nahe zu Kätti.

Er knipst, sagt dankeschön, zieht seinen Geldbeutel und drückt mir ein Zweimarkstück in die Hand!

Die Dame sagt: «Uwe, das wäre nicht nötig gewesen. Diese Frau hat eigentlich ein schönes Leben.»

«Aber schau doch mal, wie zerlumpt sie gekleidet ist», erwidert er.

Die Frau schaut auf meinen Schreibblock, der auf dem Stein liegt und liest:

«Ich sitze auf einer Wiese und baumle mit der Seele.»

«Wie bitte?» sagt er.

«Da lies doch, das hat die Hirtin vorhin geschrieben. Die kann ja Deutsch! Nein, sowas!»

Sie schauen mich verlegen an, möchten wohl am liebsten wegrennen.

«Beruhigen Sie sich», lache ich. «Ich weiß, daß ich zerlumpte Kleider trage. Aber andere lohnen sich nicht, wenn man seine Tiere auf die Weide führt. Wenn Sie der Ansicht sind, daß ich ein schönes Leben habe, dann kann ich Ihnen nur beipflichten.»

Und dann plaudern wir so lange miteinander, daß sich die Ablieferung dieses Manuskripts nochmal um einen Tag verzögern wird.

Das Zweimarkstück behalte ich. Es wird mir Glück bringen.

Es ist sechs Uhr morgens am siebzehnten Mai neunzehnhundertsiebenundsiebzig. Ich habe mich vom Ruf des Truthahns wecken lassen. Das war vor anderthalb Stunden. Seither sitze ich vor der Schreibmaschine und denke über ein endgültiges

ENDE

meiner Geschichte nach.

Auch wenn ich bis heute abend hier sitzen bliebe, ich fände es nicht. Wie könnte ich auch, wo doch mein Leben weiterfließt, so wie der grüne Fluß?